필요한 천사들:

카프카, 벤야민, 숄렘에게 전통과 모더니티는 무엇이었나

NECESSARY ANGELS:
Tradition and modernity in Kafka, Benjamin, and Scholem
by Robert Alter

NECESSARY ANGELS

필요한 천사들

로버트 올터 지음
김재훈 옮김

카프카, 벤야민, 숄렘에게 전통과 모더니티는 무엇이었나

Tradition and Modern in
Kafka, Benjamin, and Scholem

EDITUS

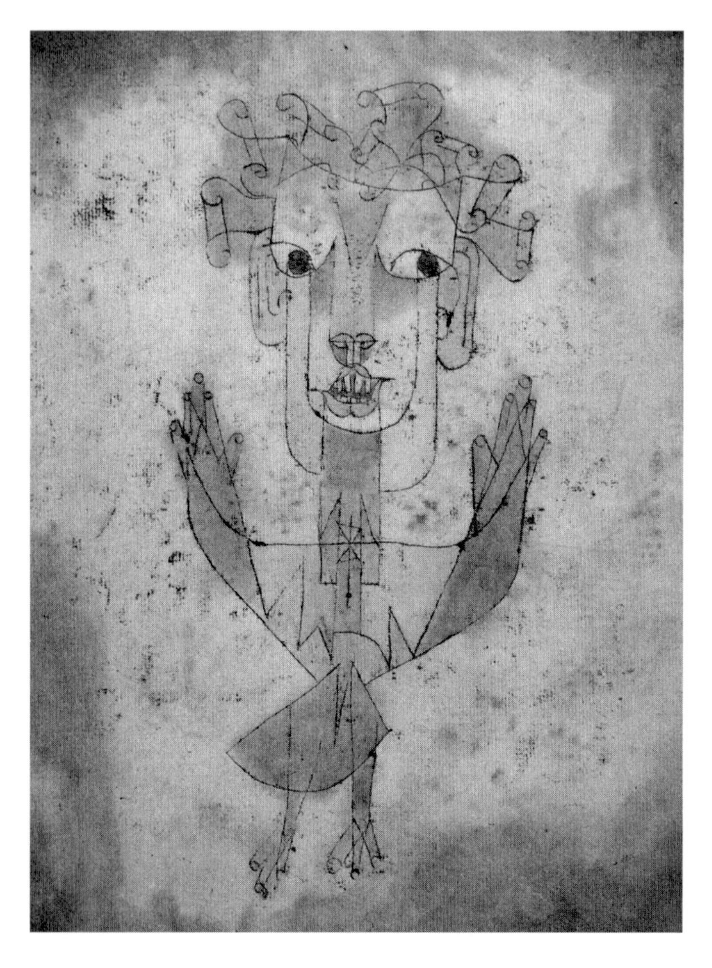

파울 클레, 〈새로운 천사〉

구스타브 A. 및 메이미 W. 이프로임슨
기념 강연

1990년 3월
오하이오주 신시내티
히브리 유니언 대학—유대 종교 연구소

레오 뢰벤탈에게

아흔 번째 생일을 축하하며

차례

서문

이 책의 집필은 한 주제의 자기 발견을 목격하는 흥미진진한 과정이었다. 논의는 내가 처음에 생각했던 곳에서 끝나지 않았고 걸음을 내딛을 때마다 소재들은 자신에 대한 새로운 사실을 내게 가르쳐 주었다.

비평가로서 나는 1960년대 이래 카프카, 벤야민, 숄렘에게 거듭 관심을 가졌다. 기쁘게도 게르숌 숄렘과는 진심 어린 관계도 맺을 수 있었다. 세 작가 중 개인적으로 알 기회가 있었던 유일한 사람인 그는 내가 1969년 처음으로 벤야민을 다룬 잠정적인 글을 써 보려 했을 때 관대한 태도로 응원해 주었다(당시 내가 벤야민과 숄렘을 주제로 쓴 논고들은 『상상력의 옹호*Defenses of the Imagination*』에 수록되었다). 1969년의 벤야민론에서 나는 벤야민과 카프카의 심원한 정신적 친화성을 충분히 지적했으며, 또 두 사람과 히브리어 작가 슈무엘 요세프 아그논의 일정한 연관성도 넌지시 언급했다. 그리고 이 책 1장에서는 벤야민과 숄렘 두 사람 모두 인지하고 있었던 카프카와 아그논의 관계도 얼마간 정의하고자 했다. 하지만 벤야민과 숄렘의 서한집이 공간되지 않았고 숄렘의 중요한 강연 여럿도 그때로서는 글로 접할 수 없었기 때문에 20년 전에 나는 숄렘의 내면세계에서 카프카가 절대적으로 중심적인 자리를 차지했다는 사실은 알지 못했다.

신시내티에 소재한 히브리 유니언 대학을 대표해 마이클 J. 쿡 교수가 1990년의 '구스타브 A. 및 메이미 W. 이프로임슨 강연Gustave A. and Mamie W. Efroymson Lectures'을 맡아 달라고 초청했을 때 나는 카프카, 벤야민, 숄렘을 '삼각형 삼아' 논의를 진행해야겠다고 마음먹었다. 하지만 이 주제를 제안했을 때만 해도 실제로 내가 무엇을 말하게 될지는 전적으로 불분명한 상태였다. 단순한 우연의 일치였을 수도 있지만 이들에게는 흥미롭고도 이례적인 공통점이 있었다. 카프카는 산문 픽션 작가 가운데 범례적인 모더니스트라고 온당하게 평가받는다. 벤야민을 이번 세기의 주요 문학 비평가이자 모더니티가 맞닥뜨린 곤경의 사변적 관찰자로 여기는 경향은 점점 더 강해지고 있다. 이 시대를 주도하는 역사가 중 한 명이라는 숄렘의 지위는 확고하게 다져진 상태다. 벤야민과 숄렘은 가까운 친구였고 둘 모두 줄곧 카프카에게 매력을 느꼈다. 셋 모두 강하게 동화된 독일어 사용 집안에서 태어나 자랐고 셋 모두 아버지의 문화 가치에 저항했다. 각자 무척 다른 길로 나아가기는 했지만 그 과정에서 이들은 아버지가 버린 유대 문화와의 진지한 마주침을 실현하고자 했다.

이 세 명의 독일계 유대인 지성은 전통과 모더니티 사이의 한계 영역에 위치해 있다는 바로 그 이유 때문에 각자의 문학적 수단을 이용해 모더니티의 딜레마들을 탐지할 수 있었다. 내 첫 발상 중 하나는 이들이 어떻게 그런 시야를 갖추게 되었는지 보여주는 것이었다. 방금 카프카를 두고 말했듯 이런 측면에서 세 사람은 모두 범례적인 인물이었지만 어떤 의미에서도 전형적인 인물은 아니었다. 유대인 작가를 범례적인 모더니스트로 설명해 보겠다는 맨 처음 의도의 일부를 본문에서 발견할 수 있을 것이다. 또 이프로임스 강연의 신학적 성격 때문이었는지 모르겠지만 처음에 나는 계시, 신적 언어, [율]법, 주해같이 철저한 신학 범주들이 세 작가에게서 차지하는 중요성을 고찰할 수도 있겠다고 생각했다. 독자들은 이런 형이상학적 계획의 자취도 이 책에서 어려움 없이 확인할 수 있을 것이다. 그런데 세 작가의 텍스트 이곳저곳을 살피면서 나는 다음과 같은 사실을 깨달았다. 구체적인 전기적 자료와 이들이 구상한 여러 문학 기획의 현실적인 역사적 배경이 그런 개념적 일반화보다 한층 흥미로우며 한층 계시적이라는, 혹은 작가들의 삶에 내린 복잡한 뿌리들을 살펴봐야만 일반적인 범주들을 일관되게 이해할 수 있다는 사실 말이다. 나아가 모더니티를 원대하게 선언하는 행위들이 이 세기 첫 수십 년간 독일어 사용 유대인이 겪은 특유의 문화적 순간에 대한 관찰들에 자리를 내주어야 한다는 점도 분명하게 느낄 수 있었다.

그리하여 카프카, 벤야민, 숄렘을 다시 읽고 나는 현대 독일을 배경으로 등장한 이 치열했던 포스트-전통 유대인들의 특징적인 '의식구조들'을 일종의 현상학적 방식으로 서술하기 시작했다. 그러면서 점점 더 세 작가의 픽션, 비평적 종합, 역사 기술상의 주요 작품—당연히 이것들도 결코 무시할 수 없었지만—보다는 편지, 일기, 노트, 금언적이고 단편적인 조각에서 논의의 예증적 근거를 찾게 되었다. 이런 자료들이 빛을 비추어 준 덕분에 점차 순수한 기쁨을 느끼며 이 주제를 고심할 수 있었다. 이는 작가와 작가 사이에 느슨한 상응 관계가 성립할 뿐 아니라 이들이 공통적으로 보유한 이미지, 개념, 상상적 과정이 정교한 관계망을 이룬다는 사실에 대한 깨달음이 가져다준 기쁨이었다. 세 사람의 상상력을 표시하는 일종의 워터마크인 이들 공통 요소는 전반적인 지적 관심사, 예를 들어 세 사람 모두가 보인 카발라와의 친화성에 국한되지 않았고 언뜻 부수적인 듯 보이는 세부—기이하게도 알파벳과 물리적인 기입 행위에 초점을 맞추거나 텍스트라는 발상 및 텍스트성이 진리의 수단이라는 관념에 매혹을 느끼거나 천사의 이미지에 매료되는 등등의—에서도 유익하게 드러났다. 이 모든 것 덕분에 나는 처음에는 예상하지 못했던 무언가를 이해하게 되었다. 카프카, 벤야민, 숄렘의 상호 접합이 이들 작업을 따로 검토할 때는 분명하게 나타나지 않는 하나의 차원을 보여 준다는 것을 말이다. 물론 독자들은 내 논의에 설득력이 있는지 스스로 판단해야 할 것이다. 여하간 이 책에서 나는 유대 전통의 개념적·정신적 세계에 세 사람이 느낀 향수, 감상을 엄격히 배격한 이 향수가 어떻게 이들 글쓰기에 특유의 방향을 부여해 주었고 모더니티에 대한 우려에 특별한 날카로움을 더해 주었는지를 제시하고자 했다.

그렇다고 해서 이 작가들을 이해하는 마법 열쇠를 발견했다고 자처할 생각은 조금도 없다는 점을 덧붙이고 싶다. 유대교에의 참여는 헌신적인 시온주의자이자 유대 신비주의를 섭렵한 역사가인 숄렘에게 분명 결정적이었고, 전기적 증거를 보건대 카프카에게서도 거의 비슷한 중요성을 차지했다. 비록 그의 픽션 표면에 유대적인 주제들이 명시적으로 나타나는 일은 거의 없지만. 또 이는 벤야민에게도 일생의 관심사였다. 물론 현대 유럽의 문화 경험 영역에 몰입했고 초기에 견지한 유대 메시아주의를 맑스주의적인 역사적 구원 계획으로 번역한 탓에 이 관심은 무척 단속적이었지만 말이다. 어쨌든 이 책에서 나는 유대 전통이라는 배경에 초점을 맞추었지만 그렇다고 다른 배경, 카프카에게는 플로베르, 키르케고르, 독일 표현주의라는, 벤야민에게는 신칸트주의와 맑스주의라는, 숄렘에게는 독일 문헌학과 (그 자신은 부인했지만) 니체라는 배경이 중요하지 않다는 뜻은 아니다. 오늘날 문학 이론가들이 상기시키듯 맥락은 무한히 확장될 수 있으며, 카프카 2차 문헌이 산더미처럼 쌓여 있고 벤야민 및 그보다는 덜하지만 숄렘을 다룬 연구도 급속히 늘어나고 있는 상황에서 이들에 대한 복수의 지적 배경을 말할 수 있다는 데는 의심의 여지가 없다. [하지만] 이 책에서 나는 여러 적절한 관점을 암시조차 하지 않았다. 세 작가의 유대적 모체를 정의하는 것이 유일한 목적이었기 때문이다. 그리고 내가 이 정의 작업에 얼마간이라도 성공했다면 이 책은 세 작가의 기획에 관해, 현대의 조건을 이들이 파악한 방식에 관해, 어쩌면 전통적인 신앙 세계가 무너진 뒤 유대교가 맞닥뜨린 딜레마에 관해서도 무언가를 말해 줄 것이다.

히브리 유니언 대학의 교수진에게 감사의 말을 전하고 싶다. 이들은 이프로임슨 강연을 제안해 이 연구를 자극해 주었고 1990년 3월 신시내티에 머무는 동안 더없이 친절하게 응대해 주었다(그때 진행한 세 차례 강연 내용은 기본적으로 이 책의 2-3장에 상응한다). 1장은 약간 다른 형식으로 『뉴 리퍼블릭』에 게재되었다. 원고를 사용할 수 있도록 허락해 준 이 저널의 편집진에게 감사드린다. 나는 캘리포니아 대학 버클리 캠퍼스 비교문학과의 '1937학번 석좌교수 기금'으로 받은 안식년 추가 급여로 이 기획을 실현할 수 있었고 비서 임금도 이 기금에서 충당했다. 경이로울 정도로 끈기 넘치고 세세한 부분까지 주의를 기울일 줄 아는 재닛 리빙스턴이 타자 입력을 맡아 주었다. 그리고 마이클 번스타인에게 특별한 감사를 표하고 싶다. 주제에 대한 해박한 지식을 갖춘 그는 초고를 읽고 이 과업이 가치 있다며 격려해 주었다.

월리스 스티븐스의 1950년 시 「농부들에게 둘러싸인 천사」의 행들을 앨프리드 A. 노프 출판사의 허락을 얻어 『월리스 스티븐스 시 전집』에서 발췌해 제사로 게재했다. 본문에서 「어떤 꿈」은 나훔 노르베르트 글라처가 편집한 『프란츠 카프카: 단편 전집』(쇼켄 북스에서 출간했고 랜덤 하우스의 자회사인 판테온 북스에서 배급을 맡았다)에 수록되어 있으며 쇼켄 북스의 허락을 구해 이 책에 수록했다(copyright 1946, 1947, 1948, 1949, 1958, 1971, by Schocken Books, Inc). [본문 앞에 실은] 파울 클레의 〈새로운 천사〉(펜, 잉크, 파스텔, 1920)는 예루살렘의 이스라엘 박물관 허락을 받아 사용했다.

버클리에서

1990년 4월

그럼에도 나는 지상의 필요한 천사다,
내가 보는 것에서 그대들이 지상을 다시 보고 있기에,

지상의 경직되고 완고한, 인간이 짜 맞춘 설정에서 벗어난 채로,
그리고 내가 듣는 것에서 그대들이 지상의 비극적인 소리를 듣고 있기에,

불안정한 망설임들 속에서 불안정하게 치솟는 소리를,
물을 뒤집어쓴 젖은 단어들처럼, 절반의 의미들이 반복되어

말해진 의미들처럼.

월리스 스티븐스
「농부들에게 둘러싸인 천사Angel Surrounded by Paysans」

1장 ———— 카프카에 관한 편지 교환

당신이 카프카에 관해 쓴 내용이 이해가 됩니다. 몇 주 동안 가능한 한 가장 면밀하게 그 문제를 고찰했고, 그러면서 당신의 견해에 엄밀하게 부합하는 발상들이 떠올랐습니다.

발터 벤야민이 게르숌 숄렘에게

1931년 10월 3일

발터 벤야민과 게르숌 숄렘은 남다른 지적 우정을 쌓은 20세기 사상가 중 하나다. 이들의 우정이 이례적인 것은 각자가 자기 분야의 지적 지평을 변혁한 혁신적인 일급 사상가—벤야민은 비평가로, 숄렘은 역사가로—였고 여전히 주목하지 않을 수 없을 만큼 긴요해 보이는 지적·정신적 쟁점들을 25년 넘게 고심했기 때문만이 아니다. 두 사람이 개인적으로 급격히 갈라진 길을 걸었고 또 극도의 정신적 고통을 안긴 역사적 상황을 겪었음에도 인간적인 층위에서 이들의 우정이 대단히 굳건하고도 유연한 도덕적 성격을 유지했기 때문이기도 하다. 이 둘은 학생 시절부터 품었던 지적 열정들을 마지막까지 공유했지만 그러면서도 주저 없이 상대에게 이의를 제기하곤 했다. 벤야민이 형이상학에서 맑스주의로 관점을 옮겨(이 이동이 모호하기는 했지만) 숄렘이 낙담했을 때처럼 둘의 차이가 매우 고통스러웠던 순간에도 그랬다. 두 사람은 상대방의 재능에 최대치를 기대했기 때문에 서로에게 늘 최대치를 요구했다. 이들의 관점과 상대에 대한 충실함이 갈라졌을 수는 있지만 그렇더라도 두 사람은 변함없이 상대에게 인간적인 사랑을 느꼈고 관대하고 애정 가득한 태도로 상대의 정신에 찬탄했다. 이들 관계의 마지막 10년간 숄렘이 때때로 더 많은 권한을 누렸으며 그가 유대인 초자아 역할을 맡도록 벤야민이 허용한 것이 사실일지도 모른다. 그럼에도 두 사람이 서로에게 품은 깊은 존경심은 결코 약해지지 않았고, 벤야민 사후에 숄렘은 지칠 줄 모르는 열정으로 그가 남긴 유산에 헌신했다.

숄렘과 벤야민은 베를린에서 태어나 1915년 여름에 처음 만났다. 그때 숄렘은 열일곱, 벤야민은 스물셋이었다. 당시 둘은 독일 학생운동 내부에서 벌어진 이데올로기적 논쟁들에 깊이 관여하고 있었고, 또 현실에 안주하는 경향을 보인 동화된 독일계 유대인 부르주아라는 배경에 맹렬히 저항하던 중이었다. 이들은 숄렘이 벤야민과의 우정을 기록한 회고록에서 "근본적 요구들"이라 부른 것—각자가 저만의 방식으로 평생에 걸쳐 제기한 요구들—을 이용해 세계에 맞서기로 결심했다. 숄렘은 이미 동화assimilation를 단호히 거부함으로써, 즉 시온주의를 택하고 히브리어에 몰두하며(그는 2년이라는 턱없이 짧은 기간에 히브리어를 뗐다) 탈무드와 여타 유대 자료를 연구함으로써 이미 이 저항을 수행하고 있었다. 벤야민은 주로 숄렘을 통해 적어도 이후 15년간 이 세 과업에 착수하겠다고 거듭 마음먹었지만 지속적으로 그를 사로잡은 활동 영역은 독일과 프랑스 문화였다. 하지만 결코 완전히 성공하지 못한 공산주의와의 정사가 최고조에 달한 순간에도 유대교에 느낀 매혹은 사그라들지 않았고, 문제적인 친구였던 베르톨트 브레히트를 포함한 맑스주의자들 눈에 그가 어쩐지 의심스러워 보였던 것도 이 때문이라 할 수 있다.

첫 만남 이후 수년간 벤야민과 숄렘은 점점 더 많은 시간을 함께 보냈다. 스위스에 머물던 1918-1919년에도 그랬는데, 당시 벤야민은 부인 도라와 같이 살았고 숄렘은 벤야민 부부의 가정불화에 의도치 않게 휘말리기도 했다.[1] 독일로 돌아온 다음에는 만나는 일이 줄었지만 대신 둘이 주고받은 편지가 쌓이기 시작했다. 편지를 보면 친밀함이 천천히 싹트고 자랐음을 알 수 있다. 처음에 벤야민은 숄렘을 "숄렘 씨"라고 불렀다. 그런 다음에는 "친애하는 게르하르트"라고 썼지만 여전히 격식체로 "당신Sie"이라 지칭했고, 1921년 중반에야 친밀함을 담아 "자네Du"라는 표현을 사용했다.[2] 그리고 숄렘이 팔레스타인으로 이주한 1924년 이후 두 사람은 1927년과 1938년(나치가 점령한 프랑스를 탈출하고자 시도했다가 스페인 국경에서 입국을 거부당했다고 생각해 벤야민이 스스로 생을 마감하기 2년 전인)에 파리에서 재회했을 때를 제외하고는 전적으로 편지로만 관계를 이어 갔다.

---

1 [옮긴이] 숄렘은 『한 우정의 역사』에서 벤야민 부부와 함께 스위스에 머물던 시절 두 사람이 자주 다퉜다고 여러 차례 언급한다. 게르숌 숄렘, 『한 우정의 역사: 발터 벤야민을 추억하며』, 최성만 옮김, 한길사, 2002, 149-150쪽 등을 참조하라.

2 [옮긴이] 이렇게 되면 두 사람의 편지를 번역할 때 적어도 벤야민의 편지는 반말로 번역해야겠지만, 한국어와 달리 반말과 경어가 분명하게 구분되어 있지 않은 서구 언어에서는 경어가 기본적이라 판단했고, 나아가 다른 편지들의 경우 양 당사자 관계를 임의로 결정하기가 곤란하다는 문제도 있어 이 책에 등장하는 모든 편지 대화를 경어로 번역했다.

독일에서는 숄렘과 테오도어 W. 아도르노가 편집한 두 권짜리 벤야민 서한집이 1966년 공간되었다(영어로는 아직 번역되지 않았다).[3] 1917년부터는 압도적일 만큼 대다수 편지의 수신자가 숄렘이었다(물론 공간된 편지로 벤야민이 편지로 맺은 여러 인연을 모두 확인할 수는 없다. 그와 편지를 주고받은 다른 사람들이 그에게 받은 모든 것을 꼼꼼하게 보관하지는 않았으니 말이다). 숄렘은 자신이 보낸 육필 편지 사본을 다섯 통만 보관하고 있었기 때문에 두 사람이 주고받은 편지의 절반[숄렘이 보낸 편지들]은 남아 있지 않다. 벤야민도 숄렘처럼 문서를 모아 두는 성격이었지만(또한 둘 모두 열정적인 장서가였다) 1933년 베를린을 빠져나갔을 때 나치 당국이 그의 문서를 죄다 압수하는 바람에 전부 유실되고 말았다. 1940년에는 파리에서 또 한 번 문서들을 남겨 두고 마지막 도피를 시도했는데, 그때도 게슈타포가 그것들을 가져갔지만 우연히 『파리 일보*Pariser Tageszeitung*』의 파일에 섞여 들어간 덕분에 보존되었다. 전쟁이 끝난 뒤 이 문서들은 러시아로 보내진 다음 포츠담에 있는 독일민주공화국 아카이브에 이전되었다. 이 문서들이 남아 있음을 알게 된 숄렘은 1966년 독일민주공화국 아카이브에서 이것들을 검토해도 좋다는 허락을 받았으며, 검토 과정에서 1933년 이래 자신이 벤야민에게 보낸 모든 편지를 발견했다. 당국은 사진 촬영본을 제공하겠다고 약속했지만 공산당 관료 조직이 갑작스레 변덕을 부렸고, 11년 뒤 숄렘의 여든

3 Walter Benjamin, *Briefe*, ed. G. Scholem & T. Adorno, Frankfurt, 1966. [옮긴이] 올터의 이 책이 1991년에 출간된 후 1994년에 벤야민 서한집이 영어로 번역되었다. *The Correspondence of Walter Benjamin, 1910-1940*, trans. Manfred R. Jacobson & Evelyn M. Jacobson, University of Chicago Press, 1994.

번째 생일 무렵에야 예고도 없이 촬영본이 전달되었다. 우리로서는 얼굴 없는 관료제가 누그러진 덕분에 현대 지성사의 귀중한 자료를 보유할 수 있게 된 셈이다. 숄렘이 편집한 [두 사람의 서한집] 독일어판이 그가 사망하기 2년 전인 1980년 출간되었고 최근에는 만족스러운 수준으로 영어로도 번역되었다.[4] 찬란한 철학적·문화적 사변 및 논증과 가슴 저미는 자서전이 결합된 이 서한집은 빛나는 거울이 되어 어두운 시대를 비추어 주고 있다.

비록 한쪽[벤야민]이 보낸 것만이 남아 있지만 숄렘이 팔레스타인으로 이주하기 전에 교환한 초기 편지 다수는 흉포할 정도로 명석한 두 대학원생이 과외 시간에 지칠 줄 모르고 벌인 학술 토론의 성격을 지녔다. 벤야민과 마찬가지로 숄렘도 다량의 편지를 보냈을 텐데, 숄렘이 편지로 제안한 내용들에 답하면서 벤야민은 칸트의 인식 이론, 회화에서 재현의 지위 및 큐비즘, 프란츠 로젠츠바이크의 신학, 언어의 본성, 그 밖에 갖가지 주제를 이해하려는 가운데 정의와 구별들을 확립하고자 했다. 벤야민의 초기 편지들에는 필시 숄렘도 공유했을 뻔뻔스러울 정도의 자신감이 묻어나니, 둘은 선생과 동시대인 대부분의 얄팍함을 견디지 못했고 주변 사람 중에서 저희만이 훌륭한 정신의 소유자인 양 굴었다(얼마간 정당한 청년기 특유의 방종).

1933-1940년에 주고받은 양방향 편지는 두 사람이 정신적으

---

4 독일어 원본은 *Walter Benjamin/Gershom Scholem Briefwechsel 1933-1940*, Frankfurt, 1980이다. 영어 번역은 *The Correspondence of Walter Benjamin and Gershom Scholem 1932-1940*, trans. Gary Smith & Andre Lefevere, New York, 1989(앞으로 *Benjamin-Scholem Correspondence*로 표기)며, 이 서한집에 수록된 편지를 인용할 때는 모두 이 영어판 번역을 따랐다.

로 한층 냉철하고sober 때로는 침울한somber 계급이 되었음을 드러내 준다. 이 변화는 세계에 벌어진 일과 두 사람이 도달한 생애 단계의 결과였다. 이들을 지적으로 양육한 독일은 야만 세력에 탈취당한 상태였다. 프랑스로 망명한 벤야민은 프리랜서 저널리스트 활동으로 번 돈과 절충주의적인 맑스주의를 견지하던 사회조사연구소(프랑크푸르트에서 뉴욕으로 옮긴)에서 지급한 소액의 급여로 연명했다. 때로는 편지지 살 돈도 감당하기 어려울 정도였다. 가난과 계속 이어진 [지적] 주변성 탓에 이미 1931년에 자살을 깊이 고민하기도 한 터였다. 그리고 히틀러가 등장한 뒤에는 인류 전체를 절멸에 이르게 만들—아마도 독가스를 이용해—새로운 세계대전의 발발 가능성을 거듭 숙고했다.

제대로 된 일자리를 구하지 못해 이런저런 일을 전전한 벤야민과 달리 "베를린에서 예루살렘으로"(이는 자기 생애 한 시절을 주제로 집필한 숄렘의 자서전 제목이기도 하다) 직행한 숄렘은 팔레스타인에 건너간 이듬해 설립된 히브리 대학에서 유대 신비주의로 교수직을 얻은 덕분에 전공 면에서나 경제 면에서나 안정적이었다. 하지만 그곳의 시온주의 공동체는 1936년에 시작된 살인적인 아랍 봉기 물결이 잦아들지 않아 심각하게 흔들리고 있었다. 숄렘은 유대-아랍 이중 국가라는 발상을 고수하고자 했지만 팔레스타인의 두 공동체가 빚은 갈등을 평화적으로 해결할 방도는 없으리라는 사실이 점차 분명해졌다. 또 시온주의가 유대인의 정신적 갱신을 이끌리라는 희망은 내부 분열, 근시안, 극단주의, 시온주의 운동 내부의 공격적인 정치 공작 탓에 꺾여 버린 것만 같았다. 유럽 유대인이 고립되고 불길한 위협에 휩싸였던 바로 그 순간에 말이다. 벤야민이 유럽 문화를 열렬히 추종한 동시에 이 문화의 미래에 극도로 절망했다면 숄렘 역시 적어도 몇몇 면에서는 시온주의의 미래에 그에 못지않은 절망감을 느꼈다. 그래서 그는 2차 대전 발발 엿새 전에 예루살렘에서 벤야민에게 편지를 보내 지난 6년간의 경험으로 혁명이 인류의 문제들을 해결할 수 있다고 희망할 근거를 잃었다고 썼다. "혁명적인 정치 요인으로서 노동자 운동은 죽은 개보다 더 죽어 있습니다. 이에 대한 환상을 붙들고 있어 봤자 소용없습니다." 벤야민의 정치적 경건함piety[독실함]은 더이상 유지되지 못했다(당시 그와 가까웠던 이들의 증언에 따르면 그는 몰로토프-리벤트로프 조약이 체결되자 안도감을 느끼며 마침내 경건함을 버렸다). 숄렘의 경건함으로 말하자면,

> 그리고 유대교의 미래는 완전히 어둠에 휩싸여 있습니다. 이 미래가 눈에 보이지 않는 척—활동하지 않고 잠들어 있는 척—할 수는 없습니다. 다른 사람들은 (아마도) 그런 척하려고 노력할지도 모르겠지만 말이죠. 왜냐하면 저 미래는 더 이상 구체적인 실존 기반을 갖지 않게 될 것이기 때문입니다. 완패한 사회주의자들이 여전히 이 기반을 내키는 대로 이용하고 있긴 합니다만. 우리는 더 이상 동맹을 이룰 수 없습니다. 동맹에 흥미를 느낄 만한 누구도 남아 있지 않으니까요. 우리는 이 사람들을 포기하지 말아야 합니다. [그런데] 무를 연상시키는 공허한 구절들을 제외하면 유대교를 위해 기능하는 데 있어 그 무엇도 팔레스타인을 대체할 수 없는데 어떤 식으로 다가올 몇 년을 상

상해야 하는 걸까요? 이렇게 어두운 상황에서 저는 침묵을 지키는 법만을 알 뿐입니다.[5]

벤야민과 숄렘은 금욕적으로 지속된 고독감—완전히 고립된 처지는 아니나 시대의 흐름을 거슬러 외로운 길을 좇는, 정치 현실이 충족시키지 못하는 "근본적 요구들"을 제기하는 천재가 느낄 법한—속에서 편지를 주고받았다. 벤야민이 히브리어를 배워 팔레스타인으로 건너가겠다는 계획을 오래 미루다가 결국 포기한 다음인 1930-1931년에 숄렘은 주목을 요하는 편지 세 통을 친구에게 보냈고, 그가 사본을 만들어 놓은 덕분에 두 권짜리 『발터 벤야민 서한집』에 이 편지들이 수록되었다(애석하게도 양방향 서한집의 영어판에는 이 의견 교환이 추가되지 않았다).[6] 그중 1931년 5월 6일에 보낸 마지막 편지에서 숄렘은 예리하게 다음과 같이 말했다. "당신의 글에서 그토록 자주 볼 수 있는 고독의

---

5 *Benjamin-Scholem Correspondence*, p.255.

6 [옮긴이] 여기서 "편지 세 통"은 1930년 2월 20일, 1931년 3월 30일, 5월 6일 편지를 뜻하며, 지은이가 앞서 언급한 두 종류의 서한집 중 『발터 벤야민 서한집』(영어판은 『발터 벤야민 서한집, 1910-1940』)에는 이것들이 수록되어 있다. 반면 지은이가 "양방향 서한집"이라고 부르는 『발터 벤야민과 게르숌 숄렘의 서한집, 1933-1940』(영어판은 『발터 벤야민과 게르숌 숄렘의 서한집, 1932-1940』)은 1932년 이후 두 사람의 편지를 모은 책이라 이 편지들을 담고 있지 않다. 한편 숄렘은 『한 우정의 역사』에서 "세 편의 중요한 편지가 우리의 관계와 토론을 이해하는 데 특히 중요하다"고 말하면서(한국어판 296쪽) 자신이 보낸 1931년 3월 30일 편지와 5월 6일 편지, 벤야민이 보낸 4월 17일 편지를 '부록'으로 수록했다(389-401쪽). 이 편지들은 벤야민의 유물론적 전환과 그에 대한 숄렘의 비판을 주된 소재로 삼고 있다.

공포보다도 공동체를 향한 욕망이, 그것이 묵시록적인 혁명 공동체더라도, 당신을 위험에 빠뜨리고 있습니다." 숄렘으로 말하자면 시나이산[팔레스타인]으로의 개인적 회귀 과정에서 공동체를 발견하고자 했다. 전공 차원에서 그 노력은 확실히 성공했고 1930년대 후반에는 예루살렘에서 자신을 중심으로 "숄렘 학파"가 형성되었다며 충분한 근거를 가지고 자랑스레 벤야민에게 말할 수 있었다. [반면] 뜻이 맞는 친구가 몇 있기는 했지만 정치나 정신 차원에서는 여전히 시온주의자들 사이에서 괴짜로 통했다. 1930년대에 벤야민이 맑스주의자들에게 그렇게 여겨졌듯 말이다. 그리고 베를린 시절에 벤야민과 맺은 관계만큼 가까웠던 이가 예루살렘에도 있었는지는 분명치 않다.

이에 대한 보상으로 두 사람이 받은 것—보상이라 할 수 있다면—은 지적 소명이라는 타는 듯한 감각이었으니, 그 덕분에 이들은 말하자면 당대인들의 공동체 대신 후대인들의 포옹을 얻었다. 벤야민은 1932년, 숄렘은 1937년에 마흔 살이 되었고, 이 시기의 편지를 보면 주저를 완성할 시간이 둘 모두에게 다가왔다는 분위기(양자는 상대에게 그럴 역량이 있음을 알았다)를 뚜렷이 감지할 수 있다. 숄렘은 1920년대 이래 면밀한 텍스트 검토와 전문 논문을 통해 유대 신비주의를 현대적으로 연구할 기반을 다졌다. 그리하여 1935년 6월 28일 편지에서는 지난 15년간의 노동 끝에 "상당량의 …… 재고 조사"를 실시할 준비가 되었다고 벤야민에게 알렸다. 그가 의기양양하게 말하길 "놀랍거나 아주 놀라운 자료는 결코 부족하지 않습니다. 그리고 역사적 관찰자는 노력한 만큼 보상받기 마련이죠". 1938년에 그는 뜻하지 않게 뉴욕에 초대받아 몇 차례 강연을 진행했는데, 이를 매개로 1941년에는 1935년에 말한 재고 조사가 『유대 신비주의의 주요 흐름*Major Trends in Jewish Mysticism*』으로 출간되었다. 역사적 상상력에 대한 권위 있는 현대 저작 중 하나인 이 책은 "발터 벤야민을 기억하며"라는 헌사로 시작한다.

숄렘이 『유대 신비주의의 주요 흐름』 기획을 알린 편지에 답하면서(1935년 8월 9일) 벤야민은 처음에는 『파사젠*Passagen*』(파리 아케이드)이라 불렀고 이후에는 『파리, 19세기 수도*Paris, die Hauptstadt des XIX. Jahrhunderts*』라 지칭한 저서의 취지를 감질나게 설명했다. "이 저작은 초현실주의를 철학에 적용한 것—그러므로 초현실주의를 지양한 것—인 동시에 실존의 모퉁이들 가운데 가장 눈에 띄지 않는 구석에서 역사의 이미지를—말하자면 역사의 폐기물Abfall을—계속 간직하려는 시도입니다." 그가 실제로 쓴 『파사젠』 단편들, 그리고 보들레르를 다룬 후기 논고 두 편을 살핌으로써 이 금언적 정식의 의미를 추론해 볼 수 있을 것이다.

보들레르에 대한 비판적 해설에서 논의는 종종 초현실주의 시처럼 자유연상 운동을 통해 전개된다. 그리하여 보들레르 시에 등장하는 흥분한 파리 군중이 벤야민을 제임스 앙소르가 그린 카니발적 무리로, 경찰과 약탈자가 악랄하게 결탁한 전체주의 국가로, 성냥의, 사진기의, 그리고 "인간의 감각 중추를 …… 충격 형식을 띤 지각의 …… 복잡한 훈련에 종속"시키는 영화의 발명으로 실어 나른다. 이렇게 우리가 보들레르의 시에서 출발해 현대사의 폭넓은 힘들 및 기이하고 자잘한 세부들을 스쳐 지나가는 과정에서 초현실주의적인 자유연상은 '지양'—부정, 고조, 유지—된다. 왜냐하면 이 연상이 엄격한 역사-철학적 분석이기를 열망하는 것의 수단이 되기 때문이다.[7]

이 기획은 대단히 독창적이었지만 벤야민의 생활 조건이 악화되고 그의 내면이 번민으로 동요했음을 고려하면 그것이 결국 실현되지 못했다는 사실이 그리 놀랍지는 않다. 보들레르 논고들 및 그가 사망하고 오랜 시간이 지나 1982년 출간된 [『파사젠』 혹은 『아케이드 프로젝트』의] 매혹적인 메모와 단편 더미만이 그 작업이 취했을 모습을 암시해 준다. 아포리즘적이고 때로는 전보에 가까운 이 단편들은 시장, 생산, 상품, 소비자 등의 맑스주의적 관념들을 전개한다. 물론 벤야민 자신의 금언적 사변들—때때로 개념적 지푸라기를 금실로 자아낼 수 있었던[8]—이 발휘한 특유의 추진력에 의지해 그렇게 하지만 말이다. 보들레르가 새로운 충격의 시학으로 성찰한 현대 도시 영역의 "경험의 퇴락"을 대단히 매혹적으로 설명한 벤야민의 보들레르론들은 초현실주의를 철학에 적용한다는 계획에 한층 근접한 듯 보이니, 여기서 그는 대담한 아포리즘을 끼워 넣은 일종의 서정시적 인상주의를 활용해 하나의 문화 시대가 품고 있는 무의식을 비추려 한다.

---

7 Benjamin, *Illuminations*, trans. Harry Zone, New York, 1968, p.177[「보들레르의 몇 가지 모티프에 관하여」, 『보들레르의 작품에 나타난 제2제정기의 파리·보들레르의 몇 가지 모티프에 관하여 외』, 김영옥·황현산 옮김, 길, 2010, 214-216쪽].

8 [옮긴이] 이는 그림 형제의 우화 「룸펠슈틸츠헨」의 설정이다. 가난한 방앗간 주인이 왕에게 제 딸이 지푸라기를 자아 금실로 만들 수 있다고 으스대면서 이야기가 시작된다.

아케이드 프로젝트는 벤야민 생애 마지막 13년을 사로잡았다. 한 목격자에 따르면 생을 마감하기 하루 전 스페인 국경을 건너려 시도했을 때 그는 낡은 서류 가방을 필사적으로 움켜쥐고 있었다. 일부 학자는 오랫동안 기획한 이 작업의 초고 일부가 그 안에 들어 있었을 것이라 추측했다(가방은 수수께끼처럼 사라졌다). 하지만 남아 있는 아케이드 프로젝트 단편들을 보면 이것들이 불가능한 과업, 즉 역사 과정에 대한 철학적 분석을 산출하고자 초현실주의의 몽타주 기법을 19세기 파리에 적용하고 그럼으로써 부르주아 사회의 겉만 번지르르한 신화들을 폭로하고 집합적 상상의 유토피아적 잠재력을 강조하는 과업에 착수한 시시포스적인 노트와 문서 아닌지 의심하게 된다.[9] 벤야민과 숄렘 모두 단편에 매력을 느꼈다. 숄렘은 다수의 전승lore을 상세히 해설하는 데 삶을 바쳤는데 이런 전승들은 내생적으로 단편적이었고 최소한 반체계적이었다. 그의 작업이 힘을 지닐 수 있는 것도 엄청난 양의 문학적 조각들을 가지고 하나의 체계를 개념적으로 정의하는 데 성공했기 때문이다. 비록 일부 비평가는 체계가 없을지도 모르는 것에 체계를 부여했다고 비난했지만 말이다. 벤야민의 목표는 그 역이었다. 몽타주 기법의 이동성을 이용해 원자료의 단편성을 보존하고 끝 모를 인용문을 아포리즘적 관찰과 결합해 체계적 사유가 병치 자체에서 모습을 드러내게 만들기. 아마 이 과업은 [벤야민이 더 살았더라도] 결국 완수

9 상궤를 벗어난 벤야민의 맑스주의 기획을 끈기 있고 충실하게 재구축한 작업으로는 Susan Buck-Morss, *The Dialectics of Seeing: Walter Benjamin and the Arcades Project,* Cambridge, Mass., 1989[『발터 벤야민과 아케이드 프로젝트』, 김정아 옮김, 문학동네, 2004]를 보라.

되지 못했을 것이다.

충분히 이해할 만한 일이지만 숄렘과 달리 벤야민은 가끔 자신에게 독자가 없을지도 모른다는, 글을 쓰는 의미가 전혀 없을지도 모른다는 의심에 휩싸였다. 말년에 이르러 그는 침울한 어조로 "페이지 [바깥] 가장자리를 잘라 내지도 않은 글들[10] 외에 훗날 우리는 무엇을 남겨 두고 떠나게 될까요?"라고 말했다(숄렘에게 보낸 1939년 2월 4일 편지). 하지만 점령된 프랑스에서 숄렘에게 보낸 마지막 편지(1940년 1월 11일) 첫머리에서는 친구에게 뉴욕 강연을 최대한 빨리 출간하라고 재촉하기도 했다. "오늘날 우리가 출간하는 데 성공한 모든 행—우리가 그것들에 맡긴 미래가 아무리 불확실하더라도—은 어둠의 세력들에게서 탈취한 하나의 승리입니다." 이 간곡한 권유는 결코 공허한 수사적 제스처가 아니었다. 이들이 남긴 것과 같은 글은 역사적 현실의 복잡한 변증법적 본성을—숄렘이 좋아한 표현을 빌리면 유물론 **없이**—파악하려는, 인간의 상상이 건립한 경이로운 건축학적 구조들을 필멸성의 심연에 그리고 인간 실존의 기저를 이루는 가치의 소멸에 반하거나 기반해 정의하려는 불굴의 노력이었다(예를 들어 독일 바로크 비애극에 대한 벤야민의 설명과 사바타이주의 및 루리아식 카발라[11]에 대한 숄렘의 탐구를 보라). 당시는 전체주의

---

10 [옮긴이] 이는 재단이 되어 있지 않아 여러 페이지가 붙어 있는 상태를 뜻한다.

11 [옮긴이] 이삭 루리아(1534-1572)와 사바타이 츠비(1626-1676)는 현대 유대교와 카발라, 메시아주의의 기틀을 닦았다고 평가받는 두 인물이다. 루리아는 '세계 창조'라는 문제를 제기하면서 세계의 불완전함과 이를 극복하고 교정하려는 노력을 강조했다. 한편 츠비는 루리아주의 카발라가 유대 세계에 큰 영향력을 발휘하는 상황에서 자신이 메시아라고 주장해 열렬히 수용된 인물이다. 이로써 세계를 교정하는 과정에서 메시아가 일정한 역할을 수행한다는 인식

이데올로기의 살인적인 단순화가 역사적 현실을 도식화된 거짓말로 대체해 절멸 계획의 보증서로 삼은 때였고, 이런 상황에서 숄렘과 벤야민의 지적 기획은 하나의 문화적 저항 행위, 전체주의가 영원히 말살하고자 한 풍부한 유산을 섬세하게 유지하는 행위였다.

벤야민과 숄렘이 공유한 정신적 조건을 밑바닥까지 파고들어 이야기한, 20세기의 심연 건축가 중 아마도 가장 위대한 인물일 현대 작가가 한 명 있다. 프란츠 카프카는 두 사람보다 10년 정도 일찍 태어났고, 최소한 독일어권에서는 사실상 이들 세대 모더니즘 지식인 전체의 고독한 선구자였다. 물론 그 자신은 분명 어떤 학파도 창설할 마음이 없었겠지만 말이다. 또 카프카는 두 친구가 공유한 관심사의 결정적인 교차점이었다. 픽션을 매체 삼아 엄격하게 인습을 타파한 모더니스트인 그는 이접, 불연속, 고의적인 당혹스러움으로 이루어진 새로운 시학을 강력하게 구현해 벤야민을 매혹시켰다. 카프카는 권위를 잃은 유대 전통의 범주들을 과잉 의식한 작가로서 전통과 신학적 권위의 힘과 위축 모두를 노출했으니, 이것들은 숄렘과 벤야민도 마찬가지로 몰두한 주제였다. 게다가 숄렘은 단호하게 카프카를 현대의 카발라주의자로 이해했으며, 자신이 역사가로 연구한 일부 비의적esoteric 인물과 깊은 친연성을 보인다고 생각했다. 그는 이 의견을 벤야민에게 전했고 훗날에는 「카발라에 대한 열 가지 비역

이 널리 퍼졌다. 루리아와 츠비의 의의에 대한 가장 권위 있는 설명을 제시한 이가 바로 숄렘이며, 반대로 숄렘의 주된 연구 대상 중 하나가 루리아주의와 사바타이주의기도 했다. 이 두 흐름을 개관한 한국어 문헌으로는 조지프 댄, 『카발라: 유대교 신비주의』, 이종인 옮김, 안티쿠스, 2010, 6-7장을 참조하라.

사적 테제Zehn Unhistorische Sätze über Kabbala」에서 상세히 설명하기도 했다(해럴드 블룸은 장난스럽고도 암시적으로, 하지만 다소 오해를 불러일으킬 수 있는 방식으로 숄렘의 카발라 읽기가 대부분 카프카에게서 받은 초기의 강한 영향에 의해 **규정**되었다고 제안한 바 있다).[12] 벤야민과 숄렘은 이미 1920년대 초부터 편지로 카프카를 열렬히 찬미했는데 이때는 카프카의 작품이 서점에 진열되기도 어려운 시기였다. 1933년 이래의 양방향 편지에서도 두 사람은 끊임없이 카프카라는 주제로 돌아갔다. 양자의 계발적인 논평들이 정점에 이른 것은 벤야민이 뉴욕에 머물던 숄렘에게 보낸 이례적인 논고 분량의 1938년 6월 12일 편지다.[13] 이는 현대 문학 비평에 벤야민이 가장 인상적으로 기여한 작품 중 하나로, 그는 숄렘이 출판업자 잘만 쇼켄에게 이 편지를 보여 주고 계약을 성사시켜 계약금을 받을 수 있기를 기대했다. 물론 그것이 다는 아니었다. 이 편지는 자신과 친구 모두에게 깊은 의미를 지닌 주제를 친구와 내밀하게 소통한 것이기도 했다.

편지에서 카프카를 주제로 주고받은 토론들은 대부분의 서구 독자에게는 그 윤곽이 낯설 수도 있을 일종의 문학적 쌍둥이의 그림자 같은 현존을—때로는 명시적인 언급을 통해—동반했다. 슈무엘 요세프 아그논[14]은 이후 주요 히브리 모더니즘 작가

12 Harold Bloom, *Ruin the Sacred the Truths*, Cambridge, Mass., 1989, p. 168.

13 [옮긴이] 크게 두 부분으로 구성된 이 편지에서 벤야민은 먼저 전해 출간된 막스 브로트의 카프카 전기에 대한 자신의 의견을 숄렘에게 전하고 그런 다음 카프카에 대한 견해를 다시 개진하고 있다. 벤야민의 마지막 카프카론이라 할 수 있는 이 둘째 부분은 「좌절한 자의 순수성과 아름다움: 카프카에 관한 몇 가지 고찰」, 『발터 벤야민의 문예 이론』, 반성완 편역, 민음사, 1983, 97-101쪽에 번역되었다.

중 하나가 된 인물로, 1차 대전 무렵부터 그 이후까지 독일에 장기 체류하던 중에 숄렘과 친해졌다. 두 사람은 비슷한 시기에 예루살렘으로 건너갔고 평생 교우 관계를 유지했다. 벤야민은 숄렘의 소개로 1920년에 아그논을 처음 만나 그의 열렬한 찬미자가 되었다. 독일어로 번역된 아그논의 단편소설(몇 편은 숄렘이 번역했다)을 읽고선 그가 동시대 소설의 대가 중 한 명이라는 확신을 품었고, 그의 모든 작품이 독일어로 번역되기를 간절히 고대했다. 그리고 벤야민과 숄렘 모두 아그논과 카프카가 깊은 상상적 친연성을 지닌다고 생각했다. 숄렘은 1928년 『유대 평론*Jüdische Rundschau*』에 기고한 짧은 논고에서 아그논의 픽션이 카프카의 『소송*Der Prozeß*』을 개정한 것이라는 발상을 개진했다. 둘 모두 한 어린아이의 시야를 강렬하게 현실화함으로써 묵시록적인 현실 감각을 이끌어 냈지만 아그논의 픽션은 [카프카와 달리] 구원의 가능성을 붙들고자 애쓰고 있다는 것이었다.[15]

두 친구는 대화를 나누다가 벤야민이 아그논과 카프카를 비교하는 논고를 쓸 수 있지 않을지 얼마간 진지하게 상의하기도 했다. 벤야민은 1934년 1월 18일 편지에서 숄렘에게 자기 대신

---

14 [옮긴이] 슈무엘 요세프 아그논(1888-1970)은 현대 히브리 문학을 대표하는 작가 중 한 명으로 유대인의 전통과 현대적 삶을 연결하는 다수의 작품을 발표했다. 히브리어를 혁신하고 현대 유대인이 삶에서 겪는 갈등과 혼돈, 위기를 포착했다는 평가를 받았으며 1966년에는 히브리어 작가 최초로 노벨문학상을 수상하기도 했다. 본문에 나오듯 숄렘은 아그논이 독일에 머물던 시기부터 그와 가까이 지냈고, 벤야민 역시 깊은 인상을 받아 1921년경 자신이 주도해 창간을 준비하던 잡지 『새로운 천사』에 아그논의 작품을 수록할 계획을 세우기도 했다.

15 Gershom Scholem, "Das hebräische Buch: eine Rundfrage", *Jüdische Rundschau*, April 4, 1928, p.202.

이 과업을 맡아 달라고 청한 듯이 보인다(숄렘이 다음 문장을 해석한 바에 따르면 그렇다). "아그논은 모든 작품에서 거장다운 원숙미를 보이고 있습니다. 만약 제가 '이스라엘에서 교사가' 된다면—하지만 기껏해야 개미귀신이 될 테죠—아그논과 카프카를 가르치는 강의를 열지 않고는 못 배길 겁니다."[16]

1950년대 이후에는 히브리 비평에서 아그논과 카프카를 비교하는 일이 흔해졌지만 적어도 표면상 초기 아그논과 카프카는 완전히 대립하는 것처럼 보인다. 갈리치아의 한 중간 규모 도시에서 태어난 아그논은 교양 수준이 높은 그곳의 정통파 유대교가 낳은 산물이었다. 픽션에서는 별로 드러내지 않았지만 이후 그는 독일과 유럽 문화에 열렬한 관심을 보이게 되었고 이는 언제나 외부인 독학자의 관심이었다. 그는 극도의 고문체 히브리어로 집필했는데, 그의 히브리어는 3,000년간 이어져 온 전통의 지속성과 가치를, 언어의 역사적 울림들을 침묵시키는 투명한 독일어(카프카가 자신의 픽션에서 빚은)에서 멀리 떨어진 세계들을 풍부하게 담고 있었다. 가장 결정적인 점은 아그논이 작가로 활동한 첫 25년 동안 집필한 픽션 대부분—그의 최초 단편들은 1905년쯤에 발표되었다—이 유대 전통의 목소리들을 복화술로 수행하고 있는 듯 보인다는 것이다. 즉 사라져 가는 한 신앙 세계의 복잡한 구전들이 토라 필경사, 예시바[17] 학생, 속세

16 [옮긴이] 숄렘은 서한집 해당 부분에 각주를 달아 "이스라엘에서 교사가 되는 것"이 "최고의 명예"를 뜻하는 유대적 표현이라고 첨언한다.

17 [옮긴이] 예시바(Yeshiva)는 토라나 탈무드 등의 유대교 텍스트를 배우는 기관으로 그 기원이 고대까지 거슬러 올라가는 제도다. 애초에는 학자들의 공간이었으나 최근에는 초등 교육기관 역할을 맡고 있기도 하다.

를 등진 경건한 탈무드 학자, 회당 예술 장인 등의 이야기를 가득 채우고 있다. 전통적인 스토리텔링을 새로운 방식으로 전개하는 그의 탁월한 기교는 「선고Das Urteil」, 『소송』, 「변신Die Verwandlung」, 「유형지에서In der Strafkolonie」와 분명 아무런 가족 유사성도 형성하지 않는다. 또 아그논은 현대를 배경 삼아 플로베르적인 방식으로 몇몇 단편과 중편을 썼고 1935년에는 심리학적 걸작 『소박한 이야기*Sippur Pashut*』를 출간했지만 벤야민은 이 작품들을 번역본으로 접할 수 없었다. 벤야민이 아그논과 카프카에 관한 논고를 작성하고 싶다는 거스를 수 없는 유혹을 느낀다며 숄렘에게 편지를 쓰던 그 순간에 실제로 이 히브리어 작가는 이접적이고 몽환적이며 '카프카적인'(하지만 아그논은 카프카에게 아무 영향도 받지 않았다며 늘 격렬히 부인했다) 일련의 단편을 발표하기 시작했고 나중에 『행위의 서*Sefer Hama'asim*』라는 책으로 묶이지만 벤야민은 이 단편들이 존재한다는 사실도 몰랐으리라. 벤야민과 숄렘이 직관적으로 파악한 두 작가의 은밀한 연관 관계를 이해하면 이들이 수년에 걸쳐 의견을 공유하면서 서서히 카프카를 파악한 방식, 즉 그를 포스트-전통 유대인 작가로, 무엇보다 현대의 조건이라는 정신적 영토를 탐사한 작가로 파악한 방식을 밝히는 데 도움이 될지도 모른다.

앞서 언급한 1934년 1월 18일 편지에서 벤야민은 숄렘이 보낸 얇은 아그논 단편집에 기쁜 마음으로 답하고 있다. 그는 특별히 한 작품을 고른다.[18] "그의 저작 중에서 「거대한 회당Die Große

18 [옮긴이] 아그논의 여섯 작품을 독일어로 번역한 이 단편집은 1933년 독일에서 『경건한 자들의 공동체(*In der Gemeinschaft der Frommen*)』라는 제목으로 출간되었고 그중 세 편을 숄렘이 번역했다. 이 장에서 논의되는 「거대한 회당」

Synagoge」만큼 아름다운 작품은 보지 못했습니다. 이 작품은 엄청난 걸작이에요." 카프카, 프루스트, 브레히트, 초현실주의의 모더니즘적 긴장을 찬미한 비평가가 뛰놀던 어린 학생들이 땅 속에 파묻힌 회당을 발견한다는 내용의 두 쪽 반짜리 단편 — 아직까지 영어로 번역되지 않은 — 에 그토록 깊은 인상을 받았다는 사실이 처음에는 혼란스러울 것이다.[19] 이 단편을 간략히 설명해 보자. 경건한 전통의 조화들을 얼핏 천진난만하게 회복시키고 있는 듯 보이는 이 이야기에 담긴 복잡한 문제들이 카프카에 관해, 할라카(율법) 없는 아가다(전승)[20]의 창안자로 벤야민이 정의하고 현대의 이단적 카발라 제창자라고 숄렘이 특징지은 카프카에 관해 무언가를 말해 줄지도 모른다.

「거대한 회당」의 기본 플롯을 보면 과거의 정신적 영광을 되찾는 단순하고 아마도 향수를 불러일으킬 비유담parable이라는

도 숄렘이 번역한 작품이다.

19 이 단편은 S. Y. Agnon, *The Complete Stories*(히브리어), vol.2, Tel Aviv, 1953, pp.361-364에 수록되어 있다. 이하의 번역은 내가 한 것이다. [옮긴이] 이 글은 얼마 전 S. Y. Agnon, "The Great Synagogue", trans. Laurence L. Edwards, *The Reform Jewish Quarterly*, Winter 2016에 영어로 번역되었다.

20 [옮긴이] 할라카(Halakhah)는 대강 '율법(토라)'으로 번역되며 유대 종교법에서 정한 규정들을 말한다. '전승'이나 '이야기'를 뜻하는 아가다(Aggadah)는 율법 이외에 랍비가 전한 이야기나 설명 등을 가리킨다. 이 두 장르가 상호 보완적으로 탈무드를 이룬다. 벤야민이 카프카를 "할라카 없는 아가다의 창안자"라고 일컬었다는 내용은 48쪽에서 인용하고 있는 1938년 6월 12일 편지의 언급을 가리키는 것 같다. "카프카의 진정한 천재성은 전적으로 새로운 무언가를 시도했다는 것입니다. 그는 전달 가능성을, 진리의 아가다적 요소를 고수하기 위해 진리를 희생시켰습니다." 나아가 할라카와 아가다의 구분은 성문 토라와 구전 토라, 계시와 전통의 구분과도 맞닿아 있는데, 관련해 숄렘의 논의를 다루는 부분으로는 3장 137쪽 이하를 참조하라.

인상을 받게 된다. 하나 지적하고 넘어갈 점은 희미하게 빛나는 꿈, 제 모든 불가능성 속에 있는 그런 꿈에 벤야민이 언제나, 심지어는 한창 맑스주의에 경도되었던 국면에도 매혹을 느꼈다는 것이다. 산비탈을 파내 고대 사원을 새로 짓는 메시아주의적 놀이를 하던 아이들이 흙 속에서 지붕널을 발견한다. 이내 거기에 지붕 전체가 파묻혀 있다는 사실이 드러난다. 공동체가 발굴에 착수해 작업을 완료하자 야슬로비츠 마을[이야기의 배경이 되는 공간]의 거대한 회당이 고대적 화려함을 간직한 모습을 드러낸다. 사람들은 오래된 히브리 레스폰사[21]에 나오는 지리적 암시를 참고해 이 구조물의 정체를 기초적인 수준에서 추론한다. 경건한 과거의 이 같은 부활은 기적 같은 사건을 동반한다. 건물 전체를 파낸 뒤 보니 문이 잠겨 있고 어떤 열쇠 도구로도 그 문을 열 수 없었다. 그때 건물 내부에서 목소리가 들려온다. "야곱아, 너의 장막이 어찌 그리도 좋으냐"(아침 예배 때 제일 먼저 암송하는 구절).[22] 그러고는 문이 열린다.

회복이라는 상을 절제된 아름다움으로 전달한 방식에 벤야민이 경탄한 것은 분명하지만, 내 생각에 그는 또 이 이야기에서 그와 길항하는 다른 힘도 발견하고 깊은 인상을 받은 것 같다. 학생들이 등장하는 첫 부분은 갈리치아 지역의 유대인 초등학생 아이들을 리얼리즘적으로 재현한 것이 결코 아니다. 이 부분에서 아그논은 공상에 가까운 이상을 노골적으로 투사하고 있

---

21 [옮긴이] 레스폰사(responsa)는 율법에 기초해 성문화된 결정이나 판결을 문답 형식으로 기록한 책자다.

22 [옮긴이] 「민수기」 24장 5절에 등장하는 구절이다. 전통적으로 회당에 들어설 때 사람들이 이 구절을 읊는다고 한다.

다. 아이들의 놀이가 철저히 성서와 미슈나에서 유래한 것이기 때문이다. 아이들은 성전 파괴를 기념하는 티샤 베아브Tisha B'Av 단식일 다음 날 성전을 다시 짓는 놀이를 한다. 진흙을 주물럭거리면서 이들은 유월절 송가를 부른다.[23] "전능하신 분이 곧 그분의 집을 다시 지을 거라네." 이 단편에서 거대한 회당이라는 건물 자체는 대립하는 두 구조[유대교와 기독교, 회당과 교회]를 혼동시키는 역할을 한다. 처음에 지붕이 모습을 드러냈을 때 사람들은 지역 영주가 부인의 연인들을 가두고는 질식사하게 만든 성일지도 모른다고 생각한다. 그런 뒤 스테인드글라스 창문이 발견되자 이 건물이 오래된 교회라고 짐작해 유대인들을 일시적으로 발굴 작업에서 배제한다. 그렇게 이 기도의 집 전체가 온전히 발굴되기 전까지 그 부지는 공식적으로 (랍비 율법에서 가장 추악한 세 가지 범죄로 규정하는) 살인, 난혼, 이교 숭배가 벌어진 곳이라 여겨진다. 마침내 거대한 회당이 땅이라는 덮개를 열고 아름다웠던 예전 그대로의 모습으로 나타난다. "그리고 8월의 햇볕이 스테인드글라스 창문에 쏟아졌을 때 [창문에 반사된] 빛이 모든 사람을 뒤덮었다. 고대의 나날들—고대의 성소들."

하지만 이야기의 마지막 부분은 아그논의 관점이 벤야민 및 카프카와 동시대적임을 알려 준다. 오래된 성궤와 토라 두루마리는 온전하게 보존되었다. "그리고 [그 위에] 은으로 도금된 날

23 [옮긴이] 유대 역사에서는 두 차례의 성전 파괴가 같은 날에 일어났다. 히브리 역법상으로는 다섯째 달인 아브(Av)의 아홉째 날이며, 로마력으로는 7-8월 사이이다. 이날 유대인들은 파괴를 애도하면서 몇몇 관행을 준수하고 종일 금식한다고 한다. 유월절은 유대인들이 이집트 노예 생활에서 탈출한 사건을 기념하는 날로 로마력으로는 3-4월 사이에 돌아온다.

개를 펼친 한 쌍의 비둘기 조각상이 걸려 있었고, 사슴 가죽으로 장정한 커다란 기도서는 우아한 필체로 채워져 있었다. 모든 것이 온전한 상태로 제자리를 지키고 있었다. 영원의 빛[24]만이 막 꺼져 가고 있는 중이었다." 절제되고 기교 넘치는 마지막 문장의 모호함은 전형적인 아그논이다. 이 또 하나의 기적 덕분에 영원의 빛이 오랫동안 땅 아래서 계속 빛나고 있었다. [히브리어에서] '꺼지다going out'를 가리키는 표현은 일몰이라는 뜻도 지니며, 그리하여 이 마지막 이미지는 햇볕이 환히 비추는 회당이라는 앞의 이미지를 기이하게 약화시킨다. 이는 아마 성서를 반향하고 있는 것이리라. 「사무엘 상」 3장에서 밤에 신이 어린 사무엘을 불렀을 때 "신의 등불"은 "아직 꺼져 있지 않았다". 낙관적인 독자라면 거대한 회당이 적시에 복원되어 영원의 빛이 완전히 꺼지기 전에 다시 발하게 되었다고 추론할 수도 있을 것이다. 하지만 자구를 곧이곧대로 받아들인다면 영원의 빛이 막 꺼지려는 중이라고 추론하는 편이 더 그럴듯하다. 과거의 경이로운 갱신은 영혼을 뒤흔드는 스펙터클을 제시하지만 너무 뒤늦게 신앙과 문화의 역사에 들어오며, 회귀는 더 이상 발생할 수 없다고 말이다.

표면상 전통주의적인 아그논의 대다수 초기 단편과 마찬가지로 「거대한 회당」도 면밀히 검토해 보면 숄렘의 1928년 주장과 달리 카프카 작품의 선고 과정을 뒤집은 것이 아니라 전통의 외

24 [옮긴이] 영원의 빛은 모든 유대교 회당에서 성궤 앞에 걸거나 세워 두는 등을 뜻한다. 다음 부분에도 나오지만 이는 성서 내용에 근거를 둔 의례며, 지은이가 언급하고 있지는 않지만 이와 관련해 많이 참조되는 부분은 「출애굽기」 27장 20-21절이다.

관을 취한 채로 그 과정을 굽힘 없이 실행한 것임이 드러난다. 조금 다르게 표현하면 아그논의 작품에서 경건 세계의 신학적 주술enchantment은 애정 어린 시선으로 공들여 환기되는 동시에 아이러니한 방식으로 내부에서 전복된다. 카프카의 소송 사건은 정반대다. 애처로운 동물과 하찮은 관료(이 둘은 사실상 차이가 없다)로 이루어진 그의 잿빛 픽션 풍경은 표면적으로는 전통이 쳐 놓은 덫처럼 보이는 것들을 무자비하게 망가뜨렸지만 실질적으로는 계시, [율]법, 주석이라는 세 가지 고전적인 유대 요소가 그의 상상적 세계를 정의하니, 이 세계의 주인공들은 저 범주들 없이는 행하지 못하나 그와 동시에 이 범주들을 이해하지 못하고 참지 못하며 그것들에 따라 살지 못한다. 정의定義와 관련된 특정 쟁점들에서 격렬한 차이를 보이기는 했으나 벤야민과 숄렘 모두 오랫동안 카프카를 이렇게 파악했다. 그리고 내 생각에는 두 사람이야말로 그 어느 카프카 비평가보다도 이 파악의 함의를 온전히 이해했다.

예를 들어 두 사람은 벤야민이 1934년의 카프카론[25]에서 암시하듯 카프카 세계에 계시가 부재하는지, 숄렘이 1934년 7월 17일 편지에서 카발라의 한층 니힐리즘적인 현현을 상기하며 논하듯 계시가 존재하지만 실현 불가능한지를 두고 강한 의견 차를 보였다(4장에서 나는 두 사람, 특히 숄렘이 이 특수한 논점을 긴요하게 여긴 이유를 설명할 것이다). 두 사람이 편지를 주고받은 마지막

25 [옮긴이] 카프카 사망 10주기를 기리며 벤야민이 『유대 평론』에 기고한 논고로, 이를 계기로 벤야민과 숄렘이 주고받은 편지 논쟁이 이 책 4장의 주요 쟁점이기도 하다. 이 글은 「프란츠 카프카」, 『발터 벤야민의 문예 이론』, 62-96쪽에 번역되었다.

해까지 이어진 카프카에 관한 의견 교환에서 주목할 점은 이들이 부분적인 차이에도 불구하고 협업하면서 사유 과정을 이어갔다는 것이다. 전통 없는 형이상학자인 벤야민과 신비주의적 대항 전통의 역사가인 숄렘은 아름답게 서로를 보완했다. 카프카를 주제로 10여 년간 이어진 편지 교환을 배경으로 볼 때 이 협업의 정점은 벤야민이 보낸 이례적인 논고 분량의 1938년 편지다. 비록 숄렘은 카프카의 실패[26]를 강조하는 방식에 반대했고 카프카의 특유함이라며 벤야민이 주장한 특징 일부가 신비주의 전통 자체에 내생적인 것이라고 주장했지만 말이다.

두 사람이 카프카를 주제로 처음 길게 의견을 나눈 것은 숄렘이 쓴 1931년 8월 1일 편지로, 여기서 그는 『소송』의 지은이를 어떻게 생각하느냐는 벤야민의 질문에 답했다(이 편지는 공간된 서한집에는 포함되어 있지 않다. 하지만 카프카에 관한 벤야민의 노트들

---

26 [옮긴이] 1938년 6월 12일 편지 말미에 벤야민은 이렇게 말한다. "카프카의 형상을 그 순수함과 고유한 아름다움 속에서 공정하게 평가하려면 한 가지 점에 시선을 고정해야 합니다. 그것이 좌절한 자의 순수함이자 아름다움이라는 점에요. 그가 좌절한 사정은 여럿입니다. 이렇게 말할 수 있을지도 모르겠네요. 궁극적으로 좌절할 것임을 그가 일단 확신하자 도중의 모든 일이 꿈에서처럼 이루어졌다고요. 카프카가 자신의 실패를 강조한 열정보다 더 기억할 만한 것은 없을 겁니다." 이는 단순히 카프카가 오류를 범했다거나 말 그대로 실패했다기보다는 모더니티로 인해 전통과 지혜가 퇴락한 세계에서("카프카의 작업은 전통이 병들어 있음을 나타냅니다") 그의 시도가 실패할 운명이라는 혹은 실패를 실행하고 있다는 뜻에 가깝다. 이처럼 단순한 실패가 아니기 때문에 (뒤에서 언급되는) 같은 해 11월 6-8일 편지에서 숄렘은 벤야민이 '실패'라는 발상으로 카프카를 특징지은 것에 이의를 제기하고 또 "아가다적인 것의 이율배반"이 카프카에게 특유한 것이기보다는 아가다의 본성 자체에 근거를 둔 것이라고 지적하고 있다. 더불어 카프카의 실패 및 이에 대한 벤야민의 해석을 살펴볼 수 있는 한국어 문헌으로는 게르하르트 노이만, 『실패한 시작과 열린 결말/프란츠 카프카의 시적 인류학』, 신동화 옮김, 에디투스, 2017, 특히 「카프카의 실패하는 이력의 인류학」을 참조하라.

사이에 들어가 있었던 덕분에 보존되었고, 숄렘은 이 편지 전체를 『한 우정의 역사』에 옮겨 놓았다).[27] 언급해 두어야 할 점은 두 친구 모두 카프카가 형이상학 쪽으로 기운 아포리즘 작가라고 생각하는 경향이 있었다는 것이다. 두 사람이 의견을 교환한 첫 편지에서 숄렘은 카프카 작품이 품고 있는 "완벽한 산문의 신학적 비밀"을 고심한다. 카프카와 아그논이 지닌 친화성의 중요한 차원이 바로 산문의 완벽함이었음을 지적해 두자. 앞서 설명했듯 두 사람은 반대 방식으로 양식상의 완벽함을 추구했고, 아그논은 초기 랍비들의 정초적 텍스트들을 연상시키는 고전적인 히브리어를 빚었다. 흥미롭게도 카프카와 아그논 모두 플로베르가 산문에 적용한 까다로운 기준에 고무되었다. 하지만 그렇게 두 사람이 완성한 산문은 이 프랑스 작가의 산문과 몹시 달랐다. 플로베르의 소설에서 공들여 정제한 산문은 순수하게 미학적인 충동이 낳은 최상의 표현이요 노련미 넘치는 언어 기교의 표식이다. 숄렘이 1931년 편지에서 지적했듯 카프카와 아그논에게 완벽한 산문이란 권위를 획득할 여지를 주지 않는 어느 세계 속에서 권위를 보유한 전통의 목소리를 단언하는 것이다. "최후의 심판과 친화성을 지닌 …… 카프카의 언어 세계는 지고로 정전적인[28] 형식의 산문성을 나타낸다고 할 수 있을 겁니다." 2년 후 숄렘은

---

27 Scholem, *Walter Benjamin: The Story of a Friendship*, trans. Harry Zone, Philadelphia, 1981, pp.169-174[『한 우정의 역사』, 297-305쪽].

28 [옮긴이] 신학 저작에서는 canon을 '정경'(正經)으로, canonical은 '정경적'으로 옮기곤 한다. 이 표현들은 특히 3장에 여러 차례 등장하며 신학적인 함의를 포함하고 있지만 이 책에서는 조금 더 폭넓은 '정전'과 '정전적'을 번역어로 삼았다.

벤야민의 자전적인 저작 『일방통행로*Einbahnstraße*』를 소재로 지은 시에서 이렇게 반추했다.

> 오래전 나날에 모든 길은
> 신과 그분의 이름으로 이어졌다, 어떻게든.
> 우리는 경건하지 않다.
> 우리는 여전히 속세에 머물러 있으며,
> 한때 신이 서 계시던 자리에 이제는 멜랑콜리가 서 있다.[29]

두 사람 모두에게 카프카는 이 멜랑콜리의 핵심을 눈 하나 깜빡 않고 응시한, 하지만 그와 동시에 오래전 나날 풍경의 유령 같은 윤곽들을 지켜보지 않을 수 없었던 작가였다. K가 무와 전부를 보기 위해, 무분별한 어린아이의 광기 어린 창조물과 탑처럼 우뚝 솟은 진리 영역을 보기 위해 안개와 눈보라를 헤치며 성을 유심히 살펴본 것처럼.[30]

---

29 *Benjamin-Scholem Correspondence*, p.81.

30 [옮긴이] 『성』의 도입부에는 K가 성과 탑을 응시하는 장면이 나온다. 그중 일부분을 옮기면 다음과 같다. "탑은 단조로운 원형 건물로, 일부는 고맙게도 담쟁이로 덮여 있고 조그만 창들은 지금 햇빛을 받아 빛나고 있었으며—거기엔 뭔가 광적인 게 있었다—발코니 모양으로 끝난 곳의 성가퀴는 어린애 손이 겁을 먹어 또는 건성으로 그린 듯 위태롭고 들쭉날쭉, 거칠게 파란 하늘에 톱니질을 했다. 그건 마치 외딴 방에 갇혀 지내야 마땅할 음울한 거주자 한 사람이 지붕을 뚫고 나와 세상에 자신을 드러낸 것 같았다." 프란츠 카프카, 『성』(개정판), 오용록 옮김, 솔, 2017, 17쪽. 더불어 이 책에서 카프카의 글을 인용할 때 여러 한국어판을 참고해 번역했지만 서지 정보는 편의상 '카프카 전집' 쪽

벤야민은 "지고로 정전적인 형식의 산문성"이라는 관념을 집어 들었고, 이를 종교 전통 특유의 서사적이고 주해적인exegetical[31] 문학 형식과 연결했다. "그토록 많은 카프카의 비유담이 만들어 내고자 노력한 '반전Umkehr[돌아섬, 돌이켜 봄]'의 의미를 제가 파악한 것은 삶을 글Schrift[성서][32]로 변형하려는 노력 속에서였습니다"(1934년 8월 11일).[33] 카프카 작품에서 전통이 지닌 모호한 무게를 지적한 이 통찰의 함의들은 4년 뒤의 논고-편지에서 정교화된다. "카프카는 전통을 엿들었고, 열심히 듣는 이 남자는 보지 않습니다." 이 이미지는 명석하게 선택된 것이다. 카프카가 전통과 맺은 관계를 아주 효과적으로 전달하고 있으며, 나

수를 넣어 주었다.

31 [옮긴이] 이 책에 종종 나오는 exegesis와 commentary는 성서 '해석'에 중심적인 지위를 부여하는 유대교 특유의 관행을 드러내는 표현이다. 둘 모두 (주로 거룩한) 텍스트를 면밀하게 살피고 해석 혹은 해설한다는 의미를 지니며, 이에 더해 commentary는 그런 해석의 결과물이나 그 형태를 가리키기도 한다. 유대교의 텍스트 중심성과 해석이라는 쟁점은 3장의 주된 주제며 (지은이가 이 용어들을 거의 같은 의미로 사용하고 있지만) 구분을 위해 interpretation은 '해석'으로, exegesis는 '주해'로, commentary는 '주석'으로 옮겼다.

32 [옮긴이] 독일어 Schrift는 1차적으로 '글'을 뜻하지만 '경전'이나 '성서'를 가리키는 heilige Schrift의 축약어로 쓰이기도 한다. 그래서 벤야민 저작의 영어 번역이나 이 책 원서에서도 맥락에 따라 Schrift를 writing이 아니라 (대문자) Scripture로 번역하고 있다. 이에 맞춰 이 번역서에서도 Schrift가 Scripture를 뜻할 경우 또는 지은이가 Scripture를 쓴 경우에는 '글[성서]'이라고 표기해 주었다.

33 [옮긴이] 이는 170쪽에 나오는 1934년 8월 11일 편지 인용문에 이어지는 부분이다. 또 '반선(돌아섬, 돌이켜 봄)'이나 '글(성서)로 변형된 삶'이라는 표현은 155쪽에 등장하는 벤야민과 브레히트의 대화에서 벤야민이 「이웃 마을」에 관해 해석한 바와 직접 연결된다(참고로 위 인용문에서 지은이가 포함하지는 않았지만 벤야민은 해당 편지 저 부분의 "노력한" 뒤에 "저는 「이웃 마을」과 「양동이를 탄 사나이」를 사례로 삼았습니다"라는 문장을 줄표로 이어 놓았다).

아가 실제로 카프카 작품의 주인공 다수가 엿듣는 (혹은 엿보는) 자가 되어 금이나 틈에 집착해 아마 언급조차 되고 있지 않을 사물들의 왜곡되고 불완전한 판본을 도태시키기 때문이다. 이 모든 것을 고려하면서 벤야민은 이렇게 말하기에 이른다. "잃어버린 것은 …… 진리의 일관성입니다." 여타의 현대적 상상력들도 동일하게 이 슬픈 사실을 알아차렸다. 하지만 이들의 전형적인 반응은 자신이 진리로 간주하고 싶어 하는 것의 어떤 조각을 고수한 채, 진리를 전달 가능한 것으로 만드는 데 필요한 일관성이나 권위를 이 조각이 더는 가질 수 없을지도 모른다고 애석해하며 인정하는 것이었다. 카프카의 기획은 한층 근본적이었다. "카프카의 진정한 천재성은 전적으로 새로운 무언가를 시도했다는 것입니다. 그는 전달 가능성Tradierbarkeit을, 진리의 아가다적 요소를 고수하기 위해 진리를 희생시켰습니다." 이 핵심 파악은 카프카의 픽션이라는 유령 씐 집의 주 출입문 여럿을 여는 열쇠가 된다. 단편, 비유담, 장편을 부유하는 "참된 사물들에 관한 소문(일종의 신학적 낭설)"이라는 감각, 때로는 천사들의 현존처럼 보이는 것과 기이하게 결합된 어리석음의 만연함, 사실상 서사들의 모든 측면에서 쉴 새 없이 작용하는 주해 과정, 종종 광기나 절망을 불러들이는 것처럼 보이는 픽션 세계를 형성하는 과정에서 카프카가 "찬란한 평정심"을 유지한다는 역설.[34]

두 사람이 지난 7년간 함께 카프카를 사유한 바의 결정체인 1938년 6월 12일 편지는 매우 뛰어나지만 토론의 종착점은 결

---

34 [옮긴이] 지은이가 언급하고 있듯 이 문단의 인용문은 1938년 6월 12일 편지 내용들이다. 벤야민이 이 편지를 쓰게 된 경위에 관해서는 숄렘, 『한 우정의 역사』, 366-367쪽을 보라.

코 아니었다. 앞서 보았듯 숄렘은 벤야민의 강조점들에 완전히 만족하지는 않았고 동시에 가장 중요한 통찰을 발전시키라며 벤야민을 격려했다. "당신이 지혜의 경계 사례를 진리의 순전한 전달 가능성이 맞이한 위기로 표상하는 데 성공한다면(실제로 카프카는 그렇게 표상했죠) 절대적으로 장엄한 무언가를 달성하게 될 겁니다"(1938년 11월 6-8일). 뒤에서 살펴볼 기회를 마련하겠지만 전달 가능성transmissibility, 모든 전통을 가능케 하는 조건인 이것이야말로 세 작가 모두에게 결정적인 쟁점이었다.

몇 달 뒤 벤야민은 새로운 발상으로 넘어가 더는 논고-편지에서 개진한 어리석음으로 퇴락한 지혜라는 관념을 시사하지 않았다. 그가 제시한 새로운 발상은 전통에 사로잡힌 카프카의 모더니즘 픽션에 담긴 궁극적 비밀은 유머라는 것이었다. 숄렘이 자신에게 이의를 제기했듯 벤야민도 제 친구에게 이의를 제기할 의도로 이 생각을 제시했다. "제 생각에는 **유대 신학의 희극적 측면들을 추출할 수 있는** 사람이 카프카 작품을 이해할 열쇠를 손에 쥐고 있습니다. 그런 사람이 있었을까요? 아니면 당신이 그런 인물이 될 만한 사람일까요?"(1939년 2월 4일, 강조는 벤야민)

카프카를 주제로 오랫동안 대화를 이어 가는 동안 세계는 산산이 조각났고 두 사람도 이를 절실하게 깨달았다. 비록 편지에서 직접 이야기하는 일은 드물었지만 말이다. 이들의 토론 배경에는 아랍 봉기, 팔레스타인 이주 유대인에 대한 영국의 위임 통치 종결, 강제수용소 우주의 개시(히틀러가 집권하고 얼마 지나지 않아 숄렘과 벤야민의 형제가 끌려갔다), 수정의 밤, 최종적으로는 길고도 두려운 세계대전의 시작이 어렴풋이 자리를 잡고 있었다. 이 암울한 상황에서 두 사람이 카프카를 두고 나눈 의견 교환은 이들의 편지에서 가장 인간적인 감명을 주는 부분에 속한다. 로마, 예루살렘, 파리, 베를린이 불길에 휩싸일 위험에 처한 순간에 이들이 그저 사사로운 바이올린 연주에 심취해 있었던 것은 아니다. 왜냐하면 둘에게는 카프카 이해에 너무나 많은 것이 걸려 있었기 때문이다. 더 넓은 지적 기획 차원에서 볼 때 이들은 둘 모두의 친구였던 한나 아렌트가 후에 그랬던 것과 달리 전체주의의 본성을 직접적으로 고심하지는 않았다. 하지만 두 사람 다 성년이 되어 맞이한 새로운 세기에 이르러 오랫동안 믿음, 가치, 공동체를 지탱하던 구조가 산산이 조각났다고 생각했다. 벤야민은 19세기 산업화와 도시화가 쌍둥이를 이루어 발휘한 내파력이 이 과정을 초래했다고 이해했으며, 유대 역사의 내적 흐름을 추적한 숄렘은 17세기의 메시아주의적 격변들과 그 여파로 생겨난 급진적인 반율법주의antinomianism에서 모더니티로의 파열적인 이행을 위한 하나의 대규모 패러다임을 보았다. 두 사람 모두 인류가 형이상학적 나침반의 안내 없이도 실존의 황무지를 헤쳐 나갈 것이라고 상상할 수 없었다. 지혜를 공유하고 궁극적 현실들과 우리가 맺는 관계를 의식하는 하나의 공동체 안에서 살아가는 우리의 역량이 우리를 인간으로 만든다고 상정했기 때문이다. 그리고 카프카가 이들에게 역설적인 권위를 행사했던 것은 고통스러운 이 역사적 탈구 전체의 모순들을 회피하지 않고 포용하는 능력을 보유한 덕분이었다. 그는 믿음에 닻을 내린 기원들의 세계와 절연하기를 거부하지만 그 세계의 위중한 몰락을 결코 기만하지 않는다. 픽션에서 카프카는 전통을 조롱하지 않으며 경건한 감정으로 전통을 대하지도 않는다. 그는 일종의 도착적 숭배 속에서 전통의 제스처들을 재상연하고 변형한다. 두려움 한가운데에서 유머의 가능성을 구해 내며, 숄렘이 유대 신비주의의 비의적 연대기에서 유사한 무엇을 발견하기를 희망하며 벤야민이 최후의 순간 직전에 암시한 것처럼 유머란 잡힐 듯하다가도 우리의 파악을 피해 가는 신의 얼굴 중 하나를 어렴풋이 확인할 수 있는 유령의 집 거울[왜곡 거울]이 될지도 모른다. 일기와 편지에서 여러 번 시사했듯 어쩌면 카프카 자신이 인간 상상력이 할 수 있는 것 이상을 달성하고자 노력하고 있었는지도 모른다. 이례적인 정신의 소유자였던 벤야민과 숄렘은 저 노력의 정신적 목표를 포착하고자 안간힘을 썼다. 이들이 보기에는 그것이야말로 파괴의 그림자 아래 세계가 진동할 때 착수해야 할 긴급한 과제였기 때문이다.

카프카, 벤야민, 숄렘은 역사적 상황 속에서 유대교를 회복하려는 대담한 실험을 각자의 방식으로 개시했다. 이들이 맞닥뜨린 상황은 그런 실험에 착수하는 것을 어렵고 까다롭게, 정신적 위험으로 가득하게, 어쩌면 실행 불가능하게 만들었다. 이들은 제 아버지들이 따랐던 동화라는 길이 결국 막다른 골목에 봉착했다는 감각을 공유했다. 세 사람 모두 유대 전통에서 예지적visionary 진리를 유지하는 힘과 본래성을 감지한 한편 이 진리와 이 본래성이 더는 접근 가능하지 않을지도 모른다는 두려움을 느꼈다. 역설적이게도 과거로 치부되어 희미해져 가던 하나의 전통을 향해 상상적으로 돌아선 바로 그 행위 덕분에 소설가, 비평가, 역사가로서 이들이 기획한 문학적 모더니즘이 정의定義라는 깊이를 더하게 되었다. 저 역설의 힘을 이해하려면 세 사람이 언어, 해석, 전통, 계시와 맺은 복잡한 관계를 세세히 따져 보아야 한다.

2장 ———— 히브리어를 알지 못한다는 것

꿈에서 나는 괴테의 서재에 있었다. …… 괴테는 일어나 나와 함께 옆방으로 들어갔는데, 거기에는 내 친척들을 위해 긴 식탁이 차려져 있었다. 그 식탁은 친척 수보다 훨씬 더 많은 사람을 위해 준비된 것처럼 보였다. 내 선조들의 자리까지도 생각한 식탁이었을 것이다.

발터 벤야민, 『일방통행로』

독일의 지적 문화에 깊이 동화된 유대인 작가에게 히브리어라는 지평은 말 그대로 그림처럼graphically 보일 것이다. 히브리어는 낯설고 꺼림칙한 네모꼴 문자로 이루어진 언어며 좌와 우를 막론하고 유럽의 모든 체계를 거스른다. 역사적으로 유대인은 저희만의 문자 체계라는 완고한 특수주의를 고수했다. 중유럽과 동유럽에서 이디시어가 그랬듯 배경이 되는 주변 언어를 특유의 유대어로 변환할 때조차 히브리 문자를 고수한 관행이 이를 잘 보여 준다. 정체성의 장을 뒤집을 가능성을 숙고하던 동화된 작가들은 히브리어가 무엇보다도 안티테제적인 문화적 대안의 언어임을 어렴풋이 감지했다. 그리고 나로서는 만약 히브리어가 친숙한 라틴 문자[로마자]로 구성된 언어였더라도 그런 심리학적 기능을 그토록 수월하게 수행할 수 있었을지 의구심이 든다. 특성상 위압적이면서도 매혹적이었던 히브리어는 낯선 외국어—그뿐 아니라 역설적이게도 기원들의 언어—로 이

국적인 매력을 발휘하면서 시각적인 형상으로 나타났다.

이스라엘을 대표하는 시인 예후다 아미차이는 최근 발표한 「잠정적인 시Shir Zemani」—기이하게도 인티파다를 계기로 창작한—의 도입부에서 문화적 특성과 문자의 이 연계를 정확히 포착했다.

> 히브리 문자와 아랍 문자는 동쪽에서 서쪽을 향한다
>
> 라틴 문자는 서쪽에서 동쪽으로,
>
> 언어들은 고양이와 비슷하다.
>
> 털이 난 방향을 거슬러 움직여서는 안 되니.[1]

분명 아미차이는 모든 사색 대상의 은유 가능성을 파악하면서 기쁨을 느끼는 시인이다. 그런데 내 생각에 그가 [시에서 형상화한] 이 특수함을 한층 용이하게 파악할 수 있었던 것은 이스라엘어[히브리어]가 아니라 독일어가 그의 모어였기 때문이다(아미차이는 열두 살 때 부모를 따라 팔레스타인으로 이주했다). 이스라엘에서 태어났더라면 적어도 처음에는 대안으로 삼을 언어가 없었을 테니 말이다. 좌와 우를 나침반의 양극으로 전치함으로써 아미차이는 기입 게임[2]이라는 문제를 제기한다. 즉 언어들이 일종

---

1 Yehuda Amichai, "Shir Zemani", in *Gam ha'egrof hayah pa'am yad petuḥah ve'etsba'ot*, Tel Aviv, 1989. p. 139. 번역은 내가 한 것이다.

2 [옮긴이] 2장에 자주 등장하는 inscribe와 inscription은 '쓰다', '새기다', '각인', '비문', '기입' 등의 의미를 지닌다. 각 부분의 맥락에 맞게 그때그때 번역어를

의 지리-정신적 방향을 지닌다고 간주한 것이다. 이 이미지에 기반해 문화사의 한 흐름, 그러니까 동화 및 유대 정체성이라는 주제와 직결되는 흐름을 추론한다면, 히브리어는 동쪽으로부터 서쪽으로, 즉 이스라엘과 바빌로니아 땅에서 창조된 성서과 탈무드로부터 라인란트와 여타 지역에 정착한 유대인, 시간이 흐르면서 주변 언어와 문화를 흡수했을 유대인의 의식으로 이동하게 된다. 다른 한편 라틴 문자[로마자]로 쓰인 언어들은 서쪽으로부터 동쪽으로(아미차이 시에 드러나는 이스라엘 중심적 관점을 받아들이고 신세계를 무시한다면) 이동하면서 탐험과 식민지 정복이라는 쌍둥이 길을 따른다. 시에서 제시된 둘째 이미지의 논리, 장난스러우며 자기 수축적인 그 이미지의 논리에 따르면 이 같은 방향은 언어와 문화의 내재적이고 유기적이며 고집스런 지향성을 반영한다. 고양이 털과 마찬가지로 언어와 문화도 그것들이 자란 방향으로만 쓰다듬을 수 있는 것이다.

카프카와 벤야민, 숄렘 모두 독일어 작가가 되었다. 카프카와 벤야민에게 히브리어는 모두에서 말한 하나의 지평으로—상당히 상이한 방식으로기는 하지만—남았다. 숄렘은 물론 지평을 넘어 히브리어 세계로 나아갔지만 한 명의 작가로서 독일어 영역과 맺었던 끈을 잘라 내지는 않았다. 1974년 숄렘은 뮌헨의 바이에른 미술 아카데미Bayerische Akademie der Schönen Künste에서 한 차례 강연을 했다. 거기서 그는 독일어와 오랫동안 소원했다고 말하고는 과장을 조금 섞어 베를린에서 예루살렘으로 이주

달리해 옮겼지만 game of inscription이나 system of inscription처럼 이런 행위와 상태 전체를 포괄하는 의미로 쓰일 때는 일관되게 '기입'으로 번역했다.

한 뒤 수십 년간 대개 히브리어로 작업했다고 강조했다. 그가 1920-1940년대에 다수의 전문 단행본, 학술 논문, [히브리어 문헌의] 편찬 작업을 히브리어로 집필한 것은 사실이다. 이에는 실용적인 이유와 뒤에서 다룰 여타 이유가 있었다. 그런데 숄렘은 사실상 자신의 학술 활동 첫 20년을 집대성한 1941년의 『유대 신비주의의 주요 흐름』을 독일어로 작성했다(그런 다음 그 내용을 뉴욕에서 일련의 강의로 발표하고 이후 정식으로 출간할 목적으로 게오르게 리히트하임이 영어로 번역했다[3]). 마찬가지로 방대한 연구서인 1962년의 『카발라의 원천과 기원*Ursprung und Anfänge der Kabbala*』도 독일어로 썼다. 그보다 훨씬 소략한 1948년의 히브리어판을 발전시킨 것이기는 하지만 말이다. 개관과 해석에 관한 영향력 있는 논고는 대부분 독일어로 작업했으며, 히브리어로 작성한 주요 저작은 두 권짜리 사바타이 츠비 전기가 유일하다. 이 책은 소재와 관련된 여러 사정 때문에 히브리어로 집필했는데 뒤에서 그 이유들을 고찰할 것이다.

그러니 독일어와 소원했다고 주장한 숄렘을 포함해 세 작가 모두 자기가 태어난 나라의 언어와 필연적인 그리고 (누군가는 이렇게 말할 수도 있을 텐데) 애정 가득한 관계를 유지했는데, 그렇다고 해서 이들이, 특히 카프카와 숄렘이 모순들을 알아차리지 못한 것은 아니었다. 무엇보다 이들은 저희가 독일 문화에 내린

---

3 [옮긴이] 29~30쪽에 나오듯 방대한 문헌 검토 작업을 마친 후 숄렘은 유대 신비주의에 대한 "재고 조사"를 시작했고 이를 독일어로 집필하던 중 1938년에 뉴욕의 '유대 종교 연구소'(Jewish Institute of Religion)에 초빙되어 아홉 차례 강연을 진행했다. 이를 위해 게오르게 리히트하임이 독일어로 쓴 원고를 영어로 번역했고 1941년에 (히브리어나 독일어가 아니라) 영어로 처음 출간되었다.

뿌리가 얕으며 얕은 것이 당연할 만큼 뿌리내린 지 얼마 되지 않은 아버지들의 아들임을 자각하면서 모순들을 감지했다. 헤르만 카프카는 보헤미아 지역의 유대인촌에서 태어나 처음에는 체코어를 사용했고(짐작건대 주변 일부는 이디시어도 사용했을 것이다), 그래서 나중에 익혀 성인이 된 후 주로 사용한 독일어를 완전히 편하게 느끼지는 못했다. 프라하로 옮긴 후 그는 남성복 상점을 열어 여러 판매원을 거느린 번창한 사업체의 소유주가 되었다. 프란츠 카프카의 증언에 따르면 그는 자수성가한 남자답게 활력과 결단력을 갖추었지만 『아버지에게 드리는 편지*Brief an den Vater*』에서 아들은 아버지의 자수성가가 그와 동시에 [유대 문화와의] 절연을 수반했다고 강조한다. 나중에 게르숌이라는 히브리어 이름으로 개명한 게르하르트의 아버지 아르투어 숄렘은 자기 아버지—그는 정통파 집안에서 자랐지만 나중에는 전통적인 관습을 버렸다—에게 물려받은 베를린의 인쇄소를 운영했고 경제적으로 풍족했다. 발터의 아버지 에밀 벤야민은 세기 전환기에 부유한 골동품 전문가이자 미술상으로 활동한 인물이다. 그는 세 아버지 중에서 상층 부르주아지에 속했으며, 벤야민이 회상한 유년기는 카프카와 숄렘 집안에서 엿볼 수 있는 것보다 더 화려한 주변 환경과 심미적 풍요로움을 드러낸다.

청년기까지의 삶을 기록한 숄렘의 『베를린에서 예루살렘으로*Von Berlin nach Jerusalem*』는 기이할 만큼 무덤덤한 회고록으로, 벤야민의 자서전적 단편 모음집 두 권이 펼치는 서정시적 인상주의와 극명하게 대비를 이룬다. 그렇지만 이 책은 저 시절 독일계 유대인들이 맞닥뜨렸던 내적 모순들을 훌륭하게 그리고 있기도 하다. 숄렘 조부의 원래 이름은 숄렘 숄렘이었다. 훗날 그는 열렬한 바그너 지지자가 되어 지그프리트로 개명했고, 사망한 후에는 묘비에 라틴 문자로 쓴 '지그프리트 숄렘'과 히브리어로 쓴 '숄렘 숄렘'이 함께 새겨졌다. 지그프리트는 아들 아르투어에게 히브리어 이름을 지어 주지 않았던 듯하고 그가 1925년 사망했을 때 묘비에는 '아르투어 숄렘'만에 새겨졌다(묘비명은 결코 사소한 문제가 아니다. 무엇보다 이는 지상에서 삶을 영위한 한 인간의 최후 변론[최종 요약문]이기 때문이다. 스탕달이 묘비에 제 본명을 이탈리아어식으로 표기한 '아르리고 베일레Arrigo Beyle'[4]라고 의도적으로 새김으로써 새로운 정체성 형성을 강조한 제스처를 생각해 보라. 뒤에서 우리는 카프카와 벤야민의 상상에도 묘비명이 등장했음을 성찰할 것이다). 자서전에서 숄렘은 열네 살이던 1911년 크리스마스를 회상한다. 크리스마스트리 아래서 그는 검은 테 액자에 넣은 테오도어 헤르츨 초상화가 선물로 놓여 있는 것을 발견했다. 숄렘이 시온주의에 새로이 관심을 갖게 된 것을 받아들인다는 부모의 제스처였다. 소년 게르하르트는 이런 식으로 정체성을 마구 뒤섞는 것이 너무 과도하다 느껴 이후 몇 년간 크리스마스 시즌에는 집에서 멀리 떨어져 지냈다. [부모 혹은] 적어도 아버지가 숄렘의 시온주의에 보인 관용 역시 덧없기는 마찬가지였다. 시온주의에 빠진 아들이 독일에 불충한다고 생각한 아르투어는 결국 넌덜머리를 내며 1917년 2월 15일에 자기 집을 수신지로 아들에게 등기 우편을 보냈다. 2주 내로 자기 소유의 공간에서 나가고 본인이 허락하기 전에는 돌아오지 말라는 내용이었다(결

4 [옮긴이] 스탕달의 본명은 마리-앙리 벨(Marie-Henri Beyle)이다.

국 두 사람은 화해했다).[5] 아르투어 숄렘은 자신이 확고한 독일 정체성을 보유하고 있으며 편협한 지역주의에서 벗어나 있음을 보이고자 거대한 쇼를 벌인 셈이었다. 하지만 아들은 아버지가 사회적으로 인맥을 쌓은 거의 모든 사람이 유대인이었다고 빈정대듯 회상한다.

적어도 19세기 중반 이래 현대 유럽 인텔리겐치아의 두드러진 특징 중 하나는 자신의 부르주아 출신에 저항하려는 충동에 이끌렸다는 것이다. 장-폴 사르트르의 방대한 플로베르 전기인 『집안의 백치*L'Idiot de la famille*』가 이 충동을 결정적으로 재고 조사한 작품이라고 해석할 수도 있을 것이다. 플로베르의 경력을 살피면서 그 충동을 상세하고도 대단히 설득력 있게 기록하고 있거니와 쪽마다 자신이 부르주아지의 잘못과 혐오스러움, 억압이라고 여긴 온갖 것에 사르트르 스스로가 격렬한 분노를 표출하고 있으니 말이다. 부르주아 아버지를 끔찍하게 만드는(반면 대부분 사례에서 어머니는 그렇지 않다) 특징—물질주의, 순응주의, 현실 안주, 속물근성, 과장된 예의범절, 절주와 근면, 가족과 사회와 진보에 대한 믿음—은 무수한 다른 작가의 작품에도 등장한다. 벤야민, 카프카, 숄렘 역시 반부르주아적 충동을 강하게 느꼈다. 비록 카프카와 숄렘은 겉으로는 부르주아적인 생활 방식을 유지하면서 자신들이 저술에서 탐사한 지하 세계chthonic world에 이 충동을 집약했지만 말이다(대조적으로 벤야민은 사회 주변주에서 살아갔다. 하지만 교수 자격 논문이 통과되어 대학에 임용되었

5 이 편지는 Betty Scholem & Gershom Scholem, *Mutter und Sohn in Briefwechsel, 1917-1946*, Munich, 1989, p.13에 공간되었다.

다면 또 달랐을지 모른다). 현재의 연관 관계[부르주아 출신 지식인들의 반부르주아적 충동]와 관련해 강조하고 싶은 점은 세 사람 모두에게—그중 카프카와 숄렘이 두드러지지만—부르주아 출신에 대한 반항, 숄렘이 "근본적 해결책들"이라 부른 것을 추구한 반항은 동화된 아버지들의 현실 안주와 천박함에 맞선 반항과 긴밀하게 연결되어 있었으며 후자의 반항이 전자의 반항을 극적으로 강화했다는 것이다. 이것이 현대 유대인 작가가—애매한 문화 위치를 점하고 있다는 고유함 때문에—현대 작가 일반의 극단적이면서도 범례적인 사례가 되는 본질적인 측면이다.

부성적 동화 프로젝트의 지리함과 무가치함을 가장 무자비하게 비판한 이는 카프카다. 『아버지에게 드리는 편지』에서 그는 헤르만 카프카가 공허하게도 자취만 남은 유대교를 형식적으로 준수했다고 반추하며, 만약 아버지가 전통적인 관습을 단단히 붙들고 있었다면 두 사람이 유대교를 공통의 기반으로 삼아 잘 지냈을지도 모른다는 환상을 펼친다. 막스 브로트에게 보낸 1921년의 한 편지에서 카프카는 동화의 불가피한 모순들이라고 이해한 것을 더없이 날카롭게 비판한다. 이 비판은 유익하게도 언어적 기반 위에서 제시되는데, 합당한 이유로 종종 인용되는 부분이지만 현재의 맥락에서 중요한 점은 카프카가 히브리어를 탐구하도록 이끈 부정적인 기반을 이 부분이 본질적으로 정의해 준다는 것이다(삶의 후반부였던 이 시기에 카프카가 히브리어 공부에 깊이 몰두했음을 기억하자). 카프카는 풍자가인 카를 크라우스의 재치에서 유대 투 언어mauscheln[6]—이디시어식 독일어 방

---

6 [옮긴이] 본문에서 언급하고 있듯 mauscheln은 이디시어가 섞인 독일어 방언이

언—가 담당한 역할을 강조한다. 그가 브로트에게 말하길 "이 유대 투 언어는 다른 누군가의 재산을 오만하고도 암묵적으로 혹은 자기 연민에 빠진 채로 도용한 것입니다. 정당하게 얻은 것이 아니고 도둑질을 통해 비교적 성급하게 손에 쥔 것이죠". 이 엄격한 묘사로도 부족했는지 카프카는 독일계 유대인의 저술을 일반화하기에 이른다. 이는 디아스포라 유대인이 비유대 언어로 글을 쓸 때 처하는 모호한 곤경을 가장 가차 없이 진술한 것 중 하나임이 분명하다. 카프카는 당시 유행하던 정신분석 교리의 오이디푸스 콤플렉스를 언급하지만(확실히 그는 이 문제의 가장 뛰어난 감정가 중 하나였다), 부자 간 갈등의 또 다른 판본을, "아버지의 유대인다움"을 중심에 놓는 판본을 더 선호한다고 이야기한다. 그러고는 이 갈등의 문화적 귀결들을 단호히 묘사하니 이는 대단히 큰 불안감을 자아낸다.

> 독일어로 글을 쓰기 시작한 유대인 청년은 대부분 유대인다움이라는 배경에서 벗어나기를 바랐고, 아버지들은 이를 승인했지만 막연하게만 그리했습니다(청년들이 그토록 격분했던 것도 이 막연함 때문이었죠). 하지만 이들의 뒷다리는 여전히 아버지의 유대인다움에 들러붙어 있었고 갈팡질팡하던 앞다리는 새로운 기반을 발견하지 못했습니다.

다. '독일인을 향해 유대인처럼 말한다'는 의미로 모세를 지칭하는 유대인 이름 Mauche에서 유래했다고 알려져 있으며, 독일어를 부패시킨다며 부정적으로 받아들여졌다. 하지만 이 편지(1921년 6월)에서 카프카가 단순히 경멸조로 크라우스의 mauscheln을 비난하고 있는 것은 아니며, 지은이가 언급하듯 독일어로 글을 쓰는 유대인의 곤경을 드러내 주는 사례로 이해하고 있다.

> 그에 따른 절망이 이들의 영감이 되었죠. …… 그 절망의 산물이 독일어 문학일 수는 없었습니다. 겉으로는 그래 보였지만요. 이들은 세 가지 불가능성 속에서 실존했는데 저는 이것들을 언어적 불가능성이라 부르기로 했습니다. …… 쓰지 않기의 불가능성, 독일어로 쓰기의 불가능성, 다르게 쓰기의 불가능성이 그것이죠. 넷째 불가능을 덧붙일 수도 있을 텐데 그건 쓰기의 불가능성……[7]

이런 제약들의 통렬한 진실은 분명 과장된 진실이며, 카프카의 마음 상태가 달랐다면 이렇게 암울하게 표현하지는 않았을지도 모른다. 여하간 가장 높은 수준의 지적 작업이 외관상의 불가능성들을 넘어서는 놀라운 역량을 내보이듯 우리의 세 인물도 모두 전적으로 본래적이고 전적으로 비전형적인 독일어 작가가 되는 데 성공했다. 숄렘은 효과적인 학술 독일어의 대가가 되었다. 건조한 정확성과 공들인 명료함으로 전문적이고 복잡한 내용을 해설했을 뿐 아니라 뉘앙스를 품은 환기를 통해 심리적인 상태들, 신과 인간과 역사의 상들을 드러냈다. 그런데 그는 독일 문헌학—1차적으로는 조사 방법이지만 적어도 그에게는 2차적으로 산문 형식이었던—이 정교하게 연마한 도구들을 이용해 가장 독일적이지 않은 주제를 탐사했다. 그 주제란 제대로 알려진 바 없던 별난 유대 신비주의 세계로, 무시당해 온 다수의 아람어와 히브리어 텍스트에 구현되어 있던 이 세계는 독일 역

7 Franz Kafka, *Letters to Friends, Family, and Editors*, trans. Richard Winston & Clara Winston, New York, 1977, pp.288-289[『행복한 불행한 이에게: 카프카의 편지 1900-1924』(개정판), 서용좌 옮김, 솔, 2017, 615-618쪽].

사 연구의 시야에 거의 들어와 있지 않은 터였다. 한나 아렌트가 알아챘듯 벤야민도 교수 자격 논문 주제로 독일 바로크 비애극을 선택함으로써 숄렘과 유사한 기획에 착수했다. 비애극은 시기적으로 그와 멀리 떨어져 있던 장르로, 카발라가 유대 역사에서 주변적이었듯 비애극의 별난 극단성과 폭력도 독일 문학에서 주변적이었다. 물론 그는 괴테라는 핵심 인물이나 카프카, 크라우스, 친구 베르톨트 브레히트 같은 동시대 작가를 연구하는 데도 매진했다. 또 숄렘에게 보낸 결정적인 편지인 1930년 1월 20일 편지(프랑스어로 쓴!)에서는 독일 문학계를 주도하는 비평가가 되고 싶다는 염원을 드러내기도 했다. 그럼에도 성숙기에 그는 주로 보들레르에서 브르통과 프루스트에 이르는 프랑스 작가에게 에너지를 쏟았다. 그가 비판적 시야를 표현하고자 벼린 금언적 양식은 형이상학적 추상과 밀도 높은 서정성의 진기한 혼합물로 불투명함과 비춤을 오가곤 했다. 18세기 이래 독일 문학에 그처럼 기이했던 선임자들이 있었을지도 모르지만 벤야민 고유의 산문은 그만의 독특한 것이었으니, 이는 유대 투 언어라는 죄를 저지르지 않고 주변적인 출발점에서 시작해 본래적인 독일어를 구사하는 하나의 방법이었다. 명시적으로 저 죄에 낙인을 찍었고 막스 브로트에게 보낸 편지에서 필사적으로 이를 피하고자 한 듯이 보이는 카프카는 이상으로 삼았던 플로베르식의 엄격한 양식을 이용해 투명한 독일어를 고안했다. 아마 하인리히 폰 클라이스트처럼 독일 전통에 대항한 인물들을 산문 모델로 삼아 의지했겠지만 어떻든 이 독일어는 하나의 언어가 제 역사적 뿌리에서 기묘하게 끊겨 나오는 효과를 창출했다.

그가 양식주의자로서 독일의 플로베르가 되기를 열망했다면, 이는 라신과 볼테르와 루소라는 배경을 심사숙고해 봉인하고 뱅자맹 콩스탕처럼 필요할 때마다 시류를 거슬렀던 유형만을 완곡히 이용한 플로베르여야 했다. 모더니즘 문학의 주된 측면 하나가 쓰기 행위를 소격을 부각하는 의례—그 외적 표징이 망명, 반항, 사회적 소외, 형식상의 인습 파괴인—로 만드는 것이라면 카프카와 벤야민과 숄렘은 저희의 유대 기원이 빚은 모순들을 [글에] 집어넣는 동시에 초월함으로써 모던한 작가의 극단적이며 따라서 범례적인 사례가 되었다.

그런데 세 사람이 각자 특유의 독일 문학 기획을 추구하는 과정에서 언어적·문화적 대립물인 히브리어가 이들의 상상적 세계에 들어왔다. 적어도 표면상으로는 숄렘의 사례가 가장 단순한데 이른 나이부터 빠른 속도로 히브리어에 빠져들어 그 뒤로도 계속 몰두했기 때문이다. 그는 형식적으로 치러진 바르미츠바 때 하인리히 그레츠의 『유대인의 역사*Geschichte der Juden*』를 선물받았고, 그레츠(성인이 된 카프카가 유대교에 매력을 느끼도록 촉매 역할을 한)를 읽으면서 유대교와 그 고전 언어에 대한 관심을 불태웠다. 숄렘은 히브리어를 공부하기 시작해 곧 김나지움의 정규 수업에 더해 1주일에 열다섯 시간을 히브리어 공부에 바쳤다. 불공평할 정도로 천재적인 언어 감각을 보유한 덕분에—이와 대조적으로 벤야민과 카프카는 단순한 재능만을 보였다—열여섯 살에는 탈무드를 연구했고, 열일곱에는 성서, 랍비, 중세, 현대를 가리지 않고 모든 계통의 히브리어를 완전히 터득하는 데 성공했던 것 같다. 물론 그는 아주 실용적인 목적으로 히브리어를 배웠다. 시온주의에 헌신했기에 공식 연구 과정을 마치면 팔레스타인으로 이주하겠다고 일찍부터 마음먹었고 새 나라에서는 히브리어를 사용해야 할 터였으니 말이다. 전공면에서 그는 수학과 철학에 손을 댄 뒤 유대 신비주의에 관심을 보였는데 이를 연구하려면 히브리어와 그 자매어인 아람어를 완벽히 숙달해야 했다(그가 박사 논문 주제로 처음 고려했던 것은 카발라주의적 언어관이었다). 하지만 바로 이 시기에 그는 또 히브리어가 다른 정신적[영적] 세계로 돌아가는 수단임을 강하게 강조하기도 했다.

그리하여 발터와 도라 벤야민과 지척에 살았던 1919년 베른에서 그는 이런 개인적인 기록을 남겼다(이는 사후에 공간되었다). "그렇게 우리는 유년기의 언어를 버렸고 끝없는 울림으로 가득한 청년의 언어를 연구하기 시작했다. 그때 우리는 히브리어가 유일한 길이라고 생각했다."[8] 이보다 더 명시적인 사례도 있다. 독일계 유대인 신학자 프란츠 로젠츠바이크의 마흔 번째 생일을 축하하며 그에게 보낸 1926년 편지에서 숄렘은 히브리어가 하나의 지역어로 소생하는 과정에서 폭발성의 정신적 위험이 초래되었음을 감지했다고 말한다. "이곳에서 사람들은 정말이지 저희가 무엇을 하고 있는지 깨닫지 못하고 있습니다. 이들은 자기네가 히브리어를 세속 언어로 변모시켰다고, 히브리어의 묵시록적 가시를 제거했다고 생각합니다. 하지만 그건 사실이

---

8 Scholem, *'Od Davar*, Tel Aviv, 1989, p.53. [옮긴이] 이 기록은 숄렘의 청년 시절 일기를 엮은 *Lamentations of Youth: The Diaries of Gershom Scholem, 1913-1919*, trans. Anthony David Skinner, Belknap Press, 2008, p.281에도 포함되어 있다.

아닙니다. 한 언어의 세속화란 단순한 말에 불과합니다. 구호에 지나지 않죠." 그보다 1년 반 전에 숄렘에게 보낸 편지(1925년 5월 20-25일)에서 벤야민은 소생한 언어가 사용자에게서 등을 돌려 그를 위협한다는 숄렘의 말이 무슨 뜻인지 궁금증을 표한 바 있었다. 로젠츠바이크에게 보낸 편지에서 숄렘은 이 질문에 최대한 완전하게 답변한 셈이다. 여기서 그는 일종의 신화적 플롯을 가동하니 이 플롯에서 히브리어는 심연—숄렘의 저술 전체를 아우르는 핵심 단어—깊은 곳에 이르는 체계로, 한때 활성화된 적 있으며 [앞으로] 깊이들의 억누를 수 없는 부활을 열어젖히게 될 체계로 상상된다.

> 하나의 언어는 이름들로 구성됩니다. 언어의 힘은 이름과 묶여 있고 언어의 심연은 이름 안에 봉인되어 있죠. 고대의 이름들을 날마다 불러내는 우리는 그 이름들이 보유한 역능을 더는 억제할 수 없습니다. 우리는 이름들을 깨웠고, 이름들은 자신을 드러낼 겁니다. 왜냐하면 우리가 가공할 힘으로 그것들을 불러냈기 때문입니다.[9]

여기서의 언어관은 소쉬르에서 포스트-구조주의에 이르기까지 막대한 영향을 미친 자의적 기표 체계라는 엄격하게 공시적인 관념과 눈에 띄게 다르다. 언어는 역사적 경험이라는 강력한

9 Ibid., pp.58-59. [옮긴이] 로젠츠바이크에게 보낸 이 편지는 "On Our Language: A Confession", trans. Ora Wiskind, *History and Memory*, Vol.2, No.2, Winter, 1990, pp.97-99에 번역되었다.

매개가 가득 배어든 무언가로 여겨진다. 심지어 누군가는 하나의 특수 언어에 내생적인 속성들이 있어 그것들이 역사적 경험을 **산출한다**고 추론할지도 모르겠다. 언어는 자신이 흡수한 것을 결코 완전히 내주지 않는다. 반대로 옛 단어들에는 가치, 시간과 공간, 신과 창조와 역사에 대한 강고하고도 독특한 지각이 구현되어 있으며, 이 단어들은 역사가 새로이 발생하도록 만들기 위해—아마도 동요시키는 방식으로—다시 한번 솟아날 준비를 마친 채로 잠복해 있다. 히브리어 케이츠qets[10]는 노아의 대홍수 이야기에서 시간과 모든 육신의 최후를 언급할 때 사용된 단어며[11] 또 익숙한 인간 질서의 종말도 가리킨다. 케이츠는 독일어 엔데Ende나 비슷한 여타 유럽 단어와는 의미상 차이가 있다. 이 단어들은 1차적으로 기하학, 시간 측정학, 역학 과정상의 한층 평면적이고 세속적인 눈금들을 지시하니 말이다. 이런 궁금증을 품는 독자도 있을 것이다. 구시 에무님 운동[12] 같은 현대의 묵시록적 시온주의 조류들이 생겨났을 때 숄렘은 이것이 히브리어의 소생 자체에 내포된 위험스런 잠재성들을 풀어 놓은 예측 가능한 현상이라고 여겼을까. 어떻든 간에 압도적인 계시와 정신적[영적] 심연들의 언어인 히브리어는 숄렘에게 겁을 준

10 [옮긴이] 영어에서는 대개 end로 번역되며 '끝', '종말' 등의 의미로 통용된다.

11 [옮긴이] 「창세기」 6장 13절에는 "하나님이 노아에게 말씀하셨다. '땅은 사람들 때문에 무법천지가 되었고, 그 끝날이 이르렀으니, 내가 반드시 사람과 땅을 함께 멸하겠다'"라는 구절이 나온다.

12 [옮긴이] 구시 에무님(Gush Emunim)은 정통파 유대교 운동 세력으로 정치적으로는 우파에 속한다. 1967년의 6일 전쟁 과정에서 형성되었고 1974년에 정식으로 발족했다. 신이 유대 민족에게 땅을 주었다는 믿음에 근거해 서안, 가자지구, 골란 고원 등지의 유대인 정착촌 설립을 추진했다.

동시에 종교적 아나키스트라고 자평한 그를 깊이 매혹시켰다. 어머니 언어[모어]와 단조로웠던 부르주아적인 아버지 문화 양자 모두의 안티테제인 히브리어는 하나의 원언어Ursprache였으니, 이 언어는 벤야민이 한때 실험했던 해시시나 카프카를 고통스럽게 만들었던 꿈들만큼이나 손쉽게 그리고 아마도 이것들보다 한층 더 믿음직스럽게 위험하고도 도전 정신을 자극하는 한 영역에 접근할 수 있도록 해 주었다.

히브리어로의 회귀에는 이처럼 정신적이고 경험적인 차원이 있었을 뿐 아니라 숄렘에게는 명시적으로, 카프카에게는 은연중에 말을 걸었으며 벤야민에게는 그러지 않았던(그는 그런 고려들에 마음이 움직여 유대 민족의 관점을 취하는 데까지 나아가지는 않았다) 이데올로기적 동기도 담겨 있었다. 히브리어가 민족주의적 소생을 꿈꾼 정치적 시온주의의 도구였다는 명백한 사실을 말하는 것이 아니다. 내가 염두에 두고 있는 것은 우리의 초점인 지적 정체성이나 역사의식과 더 깊이 관련된다. 비유대인이 생각할지도 모르는 것들에 대한 모든 한정된 인식에서 히브리어를 사용하는 이들을 해방시킬 토착 유대 언어로서 히브리어의 힘이 바로 그것이다. 일부 시온주의자는 서구 언어로 쓰인 유대인 관련 문헌은 죄다 필연적으로 변명조며, 과장법에 진실의 알맹이가 담길 수도 있다는 도발적인 주장을 펼쳤다. 숄렘은 1935년 12월 18일 편지에서 벤야민에게 긴 논고를 작업하는 중이라고 알렸다. 그러고는 당신도 큰 관심을 보일 만한 글이지만 "적어도 변명조의 제약에서 자유로운 상태를 유지하려면 어쨌거나 히브리어로 쓸 수밖에 없을 것"이라고 설명했다. 이 논고는 이

듬해에 「위반을 통해 실현되는 계명Mitzvah ha-ba'ah ba-averah」이라는 제목으로 한 히브리어 연간지에 발표되었고, 영어로는 1971년에야 「죄를 통한 구원Redemption through Sin」으로 번역되었다.[13] 이 논고는 분명 벤야민의 눈길을 강하게 잡아끌었을 것이며, 실제로 숄렘의 경력에서도 분수령을 이룬 연구였다. 이 글은 위대한 사바타이주의 이단을 다룬 그의 첫 주요 진술이었으니, 여기서 그는 반율법주의적이고 니힐리즘적인 파괴력들과 민족을 갱신하는 데 필수적인 힘들이 역설적으로 뒤얽힌 유대 역사의 핵심 심연을 처음으로 주의 깊게 들여다보았다. 이 모두를 독일어로 숙고하기는 쉽지 않았으리라.

이 글 제목 자체가 토착 히브리 개념을 두고 벌인 충격적이고 번역 불가능한 사바타이주의적 언어유희다. 탈무드에서 미츠바mitzbah는, 혹은 문자 그대로 '위반을 통해 완수되는' 신적인 계명의 수행은 법적인 관념이다. 예를 들어 수카sukkah는 성서에서 축제 때 세우도록 명한 초막이다. 그런데 훔친 물건으로 지어진 이것의 법적 지위는 무엇인가? 사바타이주의의 반율법주의에서 미츠바는 위반을 통해 완수되는 것으로 재정의된다. 의도적인 위반—성적인 위반이든 의례와 관련된 위반이든—이 이제

13 히브리어 판본은 *Kneset*, 2, 1937, pp.347-392에 게재되었다. 영어 번역은 Scholem, *The Messianic Idea in Judaism*, New York, 1971, pp.78-141에 수록되었다. [옮긴이] 이 글 히브리어 제목의 의미와 영어 번역의 불일치에 관해서는 Gabriel Piterberg, "'But was I Really Primed?': Gershom Scholem's Zionist Project", Henning Trüper, Dipesh Chakrabarty & Sanjay Subrahmanyam eds., *Historical Teleologies in The Modern World*, Bloomsbury Academic, 2015, p.290 참조. 이 글에 따르면 숄렘의 논고 제목을 영어로는 "a commandment which is fulfilled by means of transgression"라고 번역할 수 있다고 하며, 본문에서 한국어로 제목을 표기할 때도 이 의견을 참고했다.

는 신의 계율을 역설적으로 실현하는 행위로 여겨지기 때문이다. 이런 히브리어 용법 덕분에 숄렘은 이 소재를 제약받지 않고 다룰 수 있었을 뿐 아니라 그의 글 제목 사례가 시사하듯 다른 언어로 설명하기에는 너무 번거로운 유대 전통 내부에서 독특하게 정교화된 복잡한 개념들을 이용한 덕분에 수월하게 작업할 수 있었다. 숄렘이 「죄를 통한 구원」에서 마련한 프로그램은 1956년에 출간한 사바타이 츠비 전기에서 방대한 규모로 실현되었고 그는 이 책 역시 히브리어로 집필했다.

카프카의 경우 삶이 내리막에 접어들기 시작했음을 깨달은 바로 그 순간에 히브리어를 향해 나아가고자 했다. 이 동시성은 우연이 아닐지도 모른다. 그가 유대교와 유대 문화에 급격히 관심을 보인 첫 시기는 스물여덟이던 1911년 가을이다. 그때 한 이디시 극단이 프라하에 왔다. 카프카는 이 극단에 매료되어 밤마다 공연을 관람했으며 여배우 중 한 명이자 주연 남배우와 가까운 사이였던 여성에게 반하기도 했다. 몇 주 지나지 않아 그는 하인리히 그레츠의 저작을, 그런 다음에는 메이어 이세르 피네스의 『독일계 유대인 문학사*Histoire de la littérature Judéo-Allemande*』[14]를 읽었다. 이 무렵 그는 일기 곳곳에서 이디시 공연들을, 그 연극들이 재현한 민속적·종교적 관행의 세계를, 책에서 발견한 탈무드 및 하시디즘 전승 몇몇을 언급했다. 카프카는 시온주의에도 점점 더 관심을 표했는데 이는 그가 살면서 보였던 다른 중요한 관심들과 마찬가지로 동요하는 경향이 있었고 또 양가적이었

14 [옮긴이] 현재는 벨라루스에 속한 모길료프 지역에서 1881년에 태어난 피네스는 파리로 건너가 소르본 대학에서 유학했다. 『독일계 유대인 문학사』는 1910년 통과한 그의 박사 학위 논문을 1911년에 프랑스어로 출간한 저작이다.

다. 1917년 늦봄 혹은 초여름에는 히브리어를 공부하기 시작했다. 혼자 힘으로 익히기도 했고 가정교사에게 배우기도 했다(그의 첫 교사는 프리드리히 티에베르거로 젊은 식자였던 그의 아버지는 프라하에서 활동한 랍비였다).[15] 1917년 8월 초 카프카는 첫 폐출혈을 겪었고 한 달 후에는 폐결핵 진단을 받았다. 결국 이 질병 때문에 그는 6년 뒤 마흔하나의 나이로 세상을 떠나게 된다.

건강 악화로 자주 병가를 내고 여러 요양원에서 시간을 보내야 했던 이 시점부터 카프카의 편지를 보면 그가 히브리어에 지속적으로 몰두했음을 확인할 수 있다. 막스 브로트에게 보낸 1918년 9월 27일 편지에서 그는 브로트의 편지에 히브리어 오류가 있다며 책망하는가 하면 전반적으로 노력하고 있다며 칭찬을 건네기도 했다. 1920년 4월 8일 편지에서는 메란에서 만난 터키계 유대인 융단업자와 히브리어로 얼마간 대화를 나누었다고 알렸다(카프카의 히브리어가 얼마나 유창했는지는 제대로 알려져 있지 않다. 한동안 하시디즘으로 개종한 상태였고 『카발라의 에로티시즘 *Die Erotik der Kabbala*』이라는 책을 펴내기도 한 프라하의 세속 유대인 게오르크 랑거는 훗날 친구인 카프카와 히브리어로만 대화를 나눈 적이 있다고 회고한 바 있다. 하지만 이 기억이 얼마나 정확한지는 판단하기 어렵다). 1923년 7월에는 후고 베르크만에게 답신을 보내 그의 편지가 팔레스타인으로부터 받은 첫 편지라며 과거의 동급생에게 고마움을 표했다(기이한 운명의 교차를 겪으며 10년 뒤 베르크만은 숄렘의 첫 배우자인 에샤의 연인이 되었고 후에는 그와 결혼했다). 또

15 티에베르거에 관해서는 Johannes Urzidil, *There Goes Kafka*, trans. H. A. Basilius, Detroit, 1968, pp.97-118을 보라.

같은 해 여름에는 동유럽 하시디즘 가정에서 자란 젊은 여성으로 자신의 마지막 연인이 된 도라 디아만트와 함께 히브리어 저술을 읽었다. 1년 전체를 온전히 보낸 마지막 해인 1923년 말미에는 거의 아무것도 읽지 않고 있으며 읽은 것 대부분은 히브리어라고 말하기도 했다.[16] 10월 25일에는 베를린에서 로베르트 클롭슈토크에게 엽서를 보내 요세프 하임 브레너[17]의 히브리어 소설 『사별과 좌절*Shekhol ve-Kishalon*』을 하루 한 쪽씩 천천히 읽고 있다고 썼다. "이 책은 모든 면에서 어렵습니다. 그리고 아주 좋은 책은 아니에요."[18] 영어로는 『좌절과 사별*Breakdown and Bereavement*』로 번역된 이 소설은 카프카가 읽기 5년 전에 히브리어로 출간된 터였다. 카프카가 언급한 어려움은 1차적으로 언어 문제였지만 감정적인 이유도 섞여 있었을 것이다. 그가 이 현대 히브리어 작품에서 희망의 전망을 발견하고 싶어 했을 수도 있는 반면 이 책은 예루살렘을 배경으로 삼고 있음에도 카프카에게 제 작품과 으스스할 정도로 유사한 절망과 좌절의 풍경을 드러냈으니 말이다. 카프카는 이 작품이 예술적으로 아주 훌륭하

16 [옮긴이] 예를 들어 같은 문단에서 언급하고 있는 클롭슈토크에게 보낸 편지에서 카프카는 "그 밖에는 별로 독서를 안 합니다. 다만 히브리어만 읽죠. 책들도, 신문들도, 잡지들도 읽지 않습니다"라고 알렸다. 『행복한 불행한 이에게』, 792쪽.

17 [옮긴이] 요세프 하임 브레너는 러시아 출신 유대인 작가로 아그논 등과 더불어 현대 히브리 문학의 선구자로 꼽히는 문학인이다. 1881년에 태어났고 러일전쟁이 발발해 징집당하자 탈영해 영국으로 건너갔다. 1909년 팔레스타인으로 이주해 농부이자 시온주의 활동가로 살다가 이후 대학에서 문학을 가르쳤다. 1921년 벌어진 야파 봉기 때 피살당했다.

18 Kafka, *Letters to Friends*, p.390[『행복한 불행한 이에게』, 785쪽. 이 인용문은 막스 브로트에게 보낸 편지에 나온다. 지은이의 착오인 것 같다].

지는 않다고 생각했다. 브레너의 거칠고 때로는 무정형인 산문, 느슨한 플롯과 장면 묘사가 엄격한 형식이라는 자신의 이상과 대립했기 때문이다. 카프카는 브레너 소설 제목에서 강조되는 두음 전환을 계속 숙고했고[19] 11월 초에 클롭슈토크에게 보낸 엽서의 추신에서 자신이 관찰한 바를 언급했다. "셰콜Shekhol과 키샬론Kishalon은 두 개의 명사인데 그 의미를 완전히 이해하지는 못했습니다. 어떻든 이 단어들은 불운의 정수를 표현하려는 시도죠. 셰콜은 문자 그대로 하면 아이 없음을 뜻합니다. 그러니까 불모성, 열매를 맺지 않음, 무의미한 노력 등을 의미할 겁니다. 키샬론은 문자 그대로 하면 넘어지다, 떨어지다를 뜻합니다."[20] 그는 키샬론의 뜻(이 표현은 '실패'라는 의미로 확장될 수 있다)은 어원적으로 올바르게 파악했지만 의미심장하게도 셰콜의 뜻은 잘못 이해했다. 이 단어는 '아이의 죽음으로 인한 사별'을 뜻하니 카프카로서는 온전히 떠올릴 수 없는 상황이었다. 우선은 아버지가 된다는 조건부터 상상할 수가 없었으니 말이다. 이 단어를 아이 없음, 무익한 노력이라는 자신의 곤경으로 전치한 것은 언어적 오류다. 하지만 브레너가 구축한 픽션 세계의 황량한 현실에는 충분히 적용할 수 있는 해석이다.

벤야민과 숄렘이 베를린에 살던 시절 카프카도 몇 차례 베를린을 방문했지만 이들이 만난 적은 없다. 하지만 카프카가 숄렘을 언급하는 유익한 사례가 하나 있다. 약혼자였던 펠리체 바우

---

19 [옮긴이] 제목에 들어가는 두 단어에서 sh와 k(h)의 위치가 뒤바뀌는 것을 뜻한다.

20 Ibid., p.395[같은 책, 793쪽].

어에게 보낸 1916년 9월 22일 편지로 훗날 편지가 공간되었을 때 숄렘은 이 사실에 기뻐했다. 바우어는 베를린의 유대 민족 회관에서 열린 지그프리트 레만의 강연에 참석했는데, 레만이 발표한 유대인 교육 계획을 듣고 숄렘은 이 계획이 완전히 엉망진창이며 가식적이라 생각해 토론 시간에 최대한 격렬하게 반대 의견을 개진했다. "나는 사람들이 그런 문학적 헛소리에 주목하는 대신 히브리어를 배우고 원천들로 나아가야 한다고 요구했다."[21] 펠리체 바우어에게서 이 토론을 전해들은 카프카는 이렇게 지적했다. "이론적으로 저는 언제나 숄렘 씨의 것과 같은 제안을 선호하는 편입니다. 이 제안은 최대치를 요구하고 그렇게 하면서 아무것도 성취하지 않죠. 그러니 누군가가 그런 제안과 그 가치를 평가할 때 자기 앞에 놓인 현실적인 결과를 기준으로 삼아서는 안 됩니다. …… 실제로 숄렘의 제안이 그 자체로 실행 가능성이 없지는 않죠."[22]

이런 역설적인 정식화가 카프카의 특징이다. 그가 시사하길 히브리 학자의 제안—혹은 사실상 모든 제안—을 정당화하는 내생적인 진리 가치 혹은 본래성이 있으며, 이 진리 가치 혹은 본래성은 그 제안의 실행 가능성이라는 실천적인 쟁점과는 온전히 구별된다. 그리고 다시 한번 실행 불가능한 것이 완벽하게 실행 가능한 것으로 입증될 수도 있다(이는 하나의 원칙으로 이것

21 Scholem, *From Berlin to Jerusalem*, trans. Harry Zone, New York, 1980, p.79.

22 Kafka, *Letters to Felice*, trans. James Stern & Elizabeth Duckworth, New York, 1973, p.505[『카프카의 편지: 약혼녀 펠리체 바우어에게』(개정판), 변난수·권세훈 옮김, 솔, 2017, 746쪽].

없이는 시온주의 및 히브리어 소생이 결코 완수될 수 없었을 터였다). 그리고 1년 후 불치병이 처음으로 눈에 띄게 증세를 드러냈을 때부터 그가 히브리어 공부에 몰두하기 시작한 것도 분명 이처럼 언어적 최대치라는 요구를 사유했기 때문이었을 것이다.

죽음의 그림자가 드리웠던 이 시기에 카프카가 히브리어를 공부한 이유는 무엇일까? 이 시기에 그는 「사냥꾼 그라쿠스Der Jäger Gracchus」, 「낡은 쪽지Ein altes Blatt」, 「학술원에 드리는 보고Ein Bericht für eine Akademie」, 「어느 개의 연구Forschungen eines Hundes」 같은 단편—모두 표면상으로는 보편성을 띠고 있지만 사실은 유대적 주제군에 기반한 픽션들—을 집필 중이었고 두 전작과 비슷하게 미완으로 남은 마지막 장편 『성*Das Schloß*』을 두고 고심하고 있었다. 친구인 베르크만과 브로트는 팔레스타인 이주를 고려해 보라고 권했다. 그는 이주라는 전망에 간헐적으로 마음이 움직였지만 절대 결혼할 수 없는 것과 마찬가지로 팔레스타인에도 결코 가지 않으리라는 것을 알고 있었다(때로는 실현 불가능한 이 두 가지 성취가 유사하다고 이해했던 듯하다). 생애 막바지에는 어디가 되었든 온화한 남부 지역에 살면서 히브리어에 전념할 수 있다면 만족스럽겠다고 말하기도 했다.

카프카 자신이 명시적으로 이유를 밝힌 적은 없지만 편지와 일기에 나타나는 직접적인 증거와 소설에서 암시한 완곡한 증거를 고려하면 그는 숄렘과 비슷한 동기로 히브리어에 끌린 것 같다. 여기 하나의 언어가 있으니 이 언어는 헤르만 카프카의 상점과 부르주아식 아파트, 겉만 번지르르할 뿐 얄팍하기 그지없는 그의 프라하식 독일어로 이루어진 영역과는 모든 면에서 상반되는 어느 세계로 거슬러 올라간다. 숄렘의 주장대로 이단적 카발라주의자였든 아니든 픽션 작가 카프카는 계시라는 이념을, 초월적인 것의 영역에 접속하려는 인간의 노력을 필사적으로 고심했으며, 한 명의 유대인으로서 히브리어를 이 고심들의 1차적이고 강력한 매체로, 원언어로 여겼다. 펠리체 바우어에게 보낸 1916년 9월 16일 엽서에서 그는 "유대교의 어두운 복합성, 이는 불가해한 특징을 수없이 많이 포함하고 있습니다"라고 썼는데 이 생각은 위험한 심연이 히브리어에 구현되어 있다는 숄렘의 파악과 전적으로 일치한다. 창조 이야기, 「시편」, 「이사야서」의 예언에 담긴 기원적 단어들을 따르는 것, 탈무드의 변증법적 미로에 잠정적으로 진입하고자 처음으로 시도하는 것, 천년 전 언어를 현대의 문학에 접합하는 법을 숙고하는 것, 이 모두가 죽음을 앞둔 카프카에게는 지적인 해법도 정신적인 구원도 줄 수 없었지만 그가 본래적이라고 느낄 수 있었던 무언가와 접촉하게는 만들어 주었다. 희망 없는 상태로 그는 역사적 정체성이라는 진실에 만족했으니, 그의 민족은 바로 이 정체성 안에서 세계 속 제 역할과 신과 맺는 관계를 서사적으로 상상했고 법적으로 정의했으며 서로에게 질문하고 언쟁해 온 터였다.

우리의 세 작가 가운데 벤야민은 히브리어를 엄격하게 하나의 지평으로만 남겨 둔 인물이다. 관점에 따라 혹은 그의 생애 중 어느 시점을 고려하느냐에 따라 왜 벤야민이 고집스레 히브리어를 알지 못하는 상태로 남았는지 궁금히 여길 수도 있고, 반대로 그가 히브리어를 그렇게나 알고 싶어 했다는 사실에 당혹감을 느낄 수도 있을 것이다. 스물세 살이던 1915년에 숄렘과 우정을 쌓기 시작하지 않았더라면 히브리어를 지향점으로 삼지는 않았을 것 같다. 뒷날 한 편지에서는 고통에 찬 어조로 팔레스타인 방문 계획을 포기했다고 말한 뒤 그다음 편지에서는 온전히 친구 게르하르트의 매개 덕분에 유대교에 관심을 갖게 되었다고 밝히기도 했다(근래 일부 벤야민 연구자는 그가 숄렘을 만나기 전부터 유대교에 관심을 보였다는 증거를 제시하지만 적어도 벤야민 자신은 저보다 어린 이 친구의 영향으로 유대교를 접하게 되었다고 생각했다).[23] 두 사람의 우정은 1차 대전 막바지 몇 년과 그 이후 3-4년에 걸쳐 점차 긴밀해졌다. 벤야민은 1920년에 처음으로 히브리어를 공부했지만 몇 달 뒤에 포기했다. 5년 후(1925년 5월 20-25일)에는 2년 전에 예루살렘으로 건너간 숄렘에게 편지를 보내 자신이 맑스주의 쪽으로 향했고, 모스크바 여행을 떠날 의향이 있으며, "우연이기는 하지만" 공산당에 가입할 생각도 있다고 언급했다(하지만 결국 그러지 않았다). 그런데 모스크바는 예루살렘의 극단적 대안이었고 이 시점에도 그는 예루살렘을 결코 포기하지 않았다. 정말이지 모스크바와 예루살렘은 벤야민이 어떤 대가를 치르고서라도 탈출해야 했던 독일의 부르주아적인 기원 영역에서 벗어날 두 가지 서로 다른 근본적 경로였다. 숄렘에게 말하길 그는 "여러 세력(제 안의 개인적인 세력들)이 빚는 두려운 갈등, 이것[모스크바, 공산당 — 지은이]과 히브리어 공부가 불가피하게 관여하는 갈등"을 겪고 있었다.

2년 뒤인 1927년 여름 두 사람은 숄렘이 이주한 이래 처음으

23 [옮긴이] 1930년 1월 20일과 4월 25일 편지를 가리키는 듯하다. 『한 우정의 역사』, 283-284쪽에서 숄렘은 이 두 편지 내용을 언급하고 있다.

로 재회했다. 전해에 모스크바에서 두 달을 보낸 벤야민은 그 어느 때보다 예루살렘이라는 극에 가까이 다가간 상태였다. 숄렘의 증언에 따르면 둘은 파리에서 많은 시간을 함께 보내며 맑스주의를 두고 격렬히 논쟁했고, 나아가 벤야민은 히브리어라는 목표를 고수하겠다는 뜻밖의 의도를 표출하기도 했다. 숄렘은 히브리 대학 총장이던 유다 마그네스에게 벤야민을 소개했다. 그도 파리에 머물고 있던 차였다. 숄렘의 회상에 따르면 세 사람의 대화에서 벤야민은 "자신이 찾던 초점이 히브리어와 히브리어로 집필된 저작들을 다루는 데 있을 것이라고", "히브리어 텍스트 비평가로서 전적으로 새로운 수준에 이를 수 있으리라 생각한다고" 열성적으로 단언했다.[24] 이들은 히브리 대학에 새로 설립될 인문대에서 벤야민이 교수 자리를 얻을 수 있을지 상의했고, 마그네스는 예루살렘에 돌아간 뒤 벤야민이 저널리스트 노동에서 벗어나 히브리어 공부에 전념할 수 있을 만큼의 임금을 지급할 계획을 세우기도 했다. 1929년 6월 26일 벤야민은 극작가이자 시인이며 편집자인 후고 폰 호프만스탈에게 편지를 보내 두 달 동안 히브리어를 열심히 공부했고 9월에는 예루살렘으로 옮겨 언어 공부에만 집중할 계획이라고 밝혔다. 그는 이 오스트리아 시인, 그 자신도 절반은 유대인인 이 시인이 첫 만남에서 자신에게 히브리어를 모른다는 것이 "제[벤야민—지은이] 삶에 난 가시적이고도 두드러진 거대한 틈"을 이룬다고 힘주어 강조했음을 다시 언급했다.

---

24 Scholem, *Walter Benjamin: The Story of a Friendship*, trans. Harry Zone, Philadelphia, 1981, pp.137-138[『한 우정의 역사: 발터 벤야민을 추억하며』, 최성만 옮김, 한길사, 2002, 247-248쪽].

하지만 벤야민은 몇 달 안 가 히브리어 계획 전체를 완전히 포기했다. 종국에 벤야민을 예루살렘에서 떼어 놓은 반대편 극은 모스크바가 아니라—비록 그가 그다음 10년간 특유한 맑스주의자로 남았지만—파리였다. 1930년 1월 20일에 그는 프랑스어로 숄렘에게 편지를 보내 히브리어 계획을 포기했다고 알렸다. 그가 말하길 프랑스어로 편지를 쓴 이유는 이 언어가 "일종의 알리바이"로 기능할 수 있으며, 모국어의 내밀함 속에서는 말하기 어려운 것들을 친구들에게 말할 수 있게 해 주기 때문이었다. 하지만 내가 보기에는 프랑스어를 택한 둘째 동기가 있으니 프랑스어야말로 그가 마침내 확고하게 선택한 소명의 언어적 징표라는 것이다. [앞서] 히브리어 역시 소명과, 숄렘에게 털어놓았듯 현대의 라시나 이븐 에즈라[25] 즉 성스러운 텍스트의 주해가exegete가 된다는 발상과 결부되어 있었다. 프랑스어는 모어Muttersprache나 원언어Ursprache가 아니라 유럽 문명의 언어la langue de la civilisation européenne였고 이것이 그의 원대한 주제가 될 터였다. 이 편지에서 벤야민은 독일 문학계를 주도하는 비평가가 되기를 염원한다고 쓰지만 바로 뒤이어 주요 기획을 언급하니, 그의 관심을 유럽에 계속 붙들어 히브리어를 떠나게 만든 그 기획은 『파리 아케이드*Parisian Arcades*』였다. 결국 미완으로 남은 이 과업에 이후 그가 붙인 제목인 『파리, 19세기 수도』는 한 명의 (독일인이 아니라) 유럽인으로서 벤야민이 향한 지리-정신적 방향을—서쪽에서 동쪽으로 향하는 글쓰기—특히 잘 드러

25 [옮긴이] 라시(Rashi)와 아브라함 이븐 에즈라(Abraham ibn Ezra)는 모두 중세의 성서 해석가·주석가다.

내 준다.[26] 이 제목은 분명 역사의 현연한 매개에 그가 보인 관심을 두드러지게 강조하지만—남아 있는 단편들에서 그는 일종의 **맑스주의적인** 서정시적 인상주의로 이를 환기한다—또한 민족적 지리를 시간성으로 대체하려는 욕망도 반영한다. 이 기획의 이상적인 영역에서 파리는 프랑스가 아니라 한 세기의 수도며, 얼마 안 가 강제로 영구 망명자가 되는 벤야민은 독일 출신의 주변인이 아니라 한 명의 유럽인으로, 한낱 민족적 관점이 가하는 제약들을 넘어 저 이례적인 이행의 세기가 형성한 문화의 상속인으로 파리에 다가간다. 이 10년의 막바지에 이르자 전쟁을 피할 수 없다는 사실이 명백해졌지만 벤야민은 너무 늦게야 파리를 탈출할 터였다. 왜냐하면 그의 기획이 그곳이었으며 그의 기획이, 사실상 신학적인 의미에서, 그의 소명이었기 때문이다.[27]

벤야민의 문학적 작업—특히 초기의 형이상학 단계에서, 하지만 전적으로 이 단계에서만은 아닌—에서 히브리어는 아주 고유한 하나의 언어 이념으로 남았다. 숄렘과 달리 그는 언어가 제 장구한 역사의 힘들을 수태한 방식을 강조할 수 없었다. 고대 언어가 품은 역사적 비밀들의 영역에 실제로 들어서지는 않았으니 말이다. 대신 그는 언어가 우주 발생의 행위자라는, 창조의 궁극적인 구성 요소이자 창조를 이해하는 열쇠라는 카발라의

26 [옮긴이] 이 장 서두를 참고하라.

27 Leo Löwenthal, "The Integrity of the Intellectual: In Memory of Walter Benjamin", in *Benjamin: Philosophy, Aesthetics, History*, ed. Gary Smith, Chicago, 1989, p.252에서 레오 뢰벤탈은 파리에 남기로 한 벤야민의 결정에 관해 나와 비슷한 견해를 개진한다.

관념—숄렘과의 토론 및 이 주제를 다룬 독일의 학술적이고 사변적인 저술을 통해 알게 된—을 받아들였다(숄렘이 이 발상을 실제로 믿었는지는 확실치 않다. 카발라주의 교리에서 이 발상이 다양하게 표명되었음을 그가 여러 쪽을 할애해 설명하기는 했지만 말이다). 그리하여 벤야민은 '언어 자체'라는 초민족적이고 몰역사적인 관념에 이르게 되니, 이 관념을 처음으로 상세히 설명한 논고는 「언어 일반과 인간의 언어에 대하여Über Sprache überhaupt und über die Sprache des Menschen」로 숄렘과 교류하기 시작하고 얼마 지나지 않아 유대 신비주의 언어론을 소재로 대화를 나눈 뒤 1916년에 초고를 작성한 글이다. 1923년에 집필한 까다로운 논고 「번역자의 과제Die Aufgabe des Übersetzers」에서도 논하고 있는 이 언어관은 노골적으로 신비주의적이다. [이 언어관에 따르면] 역사적으로 언어들의 형태가 변하기 전에 하나의 이상적이고 신적인 언어가 존재했다. 비록 랍비적 해석에서는 복수의 히브리어 형상이 있지만 말이다. 벤야민 자신의 분석은 대체로 성서에 토대를 둔다. 그의 단언에 따르면 "언어를 그것의 전개 속에서만 고찰 가능한 마지막 현실, 설명 불가능하고 신비스러운 현실로 전제한다는 점에서" 분석이 성서를 따르는 것이다. 언어는 인간 문화에서 수행되는 일상적인 의사소통 기능을 초월한다. "자연 전체 역시 이름 없는 무언의 언어, 즉 신의 창조적 언어의 잔여로 가득 채워져 있기 때문이다. 신의 창조적 언어는 인간 안에서는 인식하는 이름으로, 인간 위에서는 유예된 판단으로 지각된다."[28]

28 Walter Benjamin, *Reflections*, trans. Edmund Jephcott, New York, 1986, pp.322, 331[『언어 일반과 인간의 언어에 대하여·번역자의 과제 외』, 최성만 옮김, 길, 2008, 82, 95쪽].

이 글은 유행처럼 인용되었고 또 그의 가장 깊은 심오함을 예언적으로 선언했다는 찬사를 받곤 한다. 이 글이 시적 이미지로 읽는 이의 시선을 잡아끄는 것은 사실이지만 솔직히 나로서는 어떻게 받아들여야 할지 모르겠다. 나는 신비주의적 발상들을 상기시키는 서정시적인 문학적 상상력이 이 글에서 [사유를] 불러일으키지만 궁극적으로는 일관성을 확보하지 못한 채 낭비되고 있다고 이해하는 편이다. 조금 다르게 말해 보자면 벤야민의 언어론은 카발라에서 착상된 히브리어를 보편화된 형이상학적 추상으로 전치한 것인데, 정확히 이 전치가 신빙성을 약화시키는 제약의 원천이다. 독일계 유대인 작가의 이런 사변은 세 가지 언어적 불가능성이라는 카프카의 끔찍한 딜레마에서 벗어나는 또 다른 경로지만 내 생각에 아주 설득력 있는 경로는 아니다. 이제 보겠지만 만약 벤야민이 히브리어를 알지 못한다는 불안에서 온전히 벗어났다면 그것은 꿈의 영역에서다.

벤야민은 나치가 파리를 점령한 뒤 1939년 9월 느베르의 클로 생조셉에 세워진 '자원 노동 수용소'에 끌려가 거의 두 달간 억류되었다. 점령 기간에 보낸 대부분의 편지와 마찬가지로 수용소에서 보낸 편지도 모두 프랑스어로 썼다. 짐작건대 검열관의 추가적인 관심을 끌지 않기 위해서였을 것이다. 그런데 그중 하나인 그레텔 아도르노에게 보낸 1939년 10월 10일 편지 첫 부분에서 그는 이 편지를 프랑스어로 쓴 "이중의 이유"가 있다고 말한다. 자신의 꿈이 수수께끼 같은 프랑스어 문장으로 끝나기 때문에 이 꿈을 상세히 묘사하려면 프랑스어여야 한다는 것이었다(벤야민은 10년 전부터 그레텔 카르플루스 아도르노와 가까이 지냈다. 1939년에 그레텔 아도르노는 남편이자 사회조사연구소의 주요 이론가인 테오도어 W. 아도르노와 뉴욕에 살고 있었다). 한 언어에서 다른 언어로의 이동, 한 기입 체계에서 다른 기입 체계로의 이동, 우리가 지금껏 관심을 기울인 이 이동이 벤야민이 꾼 꿈의 가장 중요한 주제다.

편지 첫머리에서 벤야민은 억류자 수용소의 짚단 위에서 자다가 꾼 이 꿈이 너무나 비상하게 아름다워 꼭 들려주고 싶다고 강조하며, 끝머리에서는 일종의 희열 상태로 꿈에서 깼다고 말한다. 이 희열의 원천을 숙고하면 유익하리라. 꿈에서 그는 의사이자 친구로 언젠가 자신의 말라리아를 치료해 준 적 있는 카미유 도스 박사라는 사람과 동행해 어딘가로 간다. 어느새 두 사람은 어느 구덩이 안에 들어가 있게 되는데 이 구덩이는 둘씩 짝지은 이상한 석재 관들에 둘러싸여 있다. [딱딱해 보였지만 실제로는] 푹신한 관들은 침대 같은 매력을 발산한다. 그런데 두 사람이 쌍을 이룬 두 관에 누우려 하자마자 이미 다른 사람이 그 관-침대를 차지하고 있음을 알게 된다. 그런 뒤 이들은 잠과 죽음 그리고—암묵적으로—에로틱함이 결합된 이 이상한 장소를 뒤로 하고 다시 길을 떠나 일종의 숲속을 걷는다. 곧 바닥이 판자로 된 테라스에 도착한 두 사람은 거기서 도스와 함께 사는 듯이 보이는 일군의 여성을 만난다. 이 중 여러 명이 놀라울 정도로 아름다워 꿈꾸는 이에게 강한 인상을 남긴다. "아버지에게 물려받은" 파나마 모자를 벗은 그는 모자 윗부분이 길게 찢겨 있는 데다 그 자리를 따라 붉은 자국까지 묻어 있는 것을 보고 깜짝 놀란다. 그러면서 꿈의 결정적인 순간에 접어들게 된다.

여성 중 한 명이 그사이 필적을 감정하기 시작했어요. 제가 쓴 무언가를 도스에게 받아 그녀가 쥐고 있는 걸 봤죠. 필적을 감정당한다고 생각하니 약간 초조해졌고 제 내밀한 특징 일부가 드러날 수도 있겠다는 생각에 두려움이 밀려왔습니다. 저는 그녀에게 다가갔어요. 이미지들로 덮인 옷감이 보이더군요. 알아볼 수 있는 글자는 글자 d의 윗부분뿐이었어요. 위로 올라갈수록 뾰족이 솟는 것이 정신성을 향한 극도의 열망을 드러내고 있었습니다. 글자 d의 이 부분은 테두리가 파란 작은 베일로 덮여 있었고 이 베일은 마치 바람이라도 부는 듯이 부풀어 있었죠. 이것이 제가 '읽을' 수 있었던 유일한 부분입니다. 나머지는 물결과 구름이 흐릿하게 패턴을 이루고 있었습니다. 잠시 이 글을 화제로 대화를 나눴어요. 어떤 의견들이 나왔는지는 기억나지 않아요. 하지만 그에 대한 보답으로 제가 글자 그대로 이렇게 말했던 건 똑똑히 생각납니다. "이건 한 편의 시를 피슈fichu 한 자락으로 바꾸는 문제입니다(Es handelte sich darum, aus einem Gedicht ein Halstuch zu machen)."[29] 제가 이 말을 채 마치기도 전에 황홀한 일이 벌어졌습니다. 여성 중 매우 아름다운 한 명이 침대에 누워 있었는데 제 설명을 듣던 그녀가 번개처럼 빠르게 움직였습니다. 1초도 안 걸렸을 거예요. 침대 위에서 그녀는 덮고 있던 이불의 한쪽 모서리를 약간 들춰 올렸습니다. 자기 몸이 아니라 침대보의 윤곽을 제게 보여 주기 위해서였죠. 이는 몇 년 전에 제가 도스에게 줄 선물로 '쓴' 것이 틀림없는 글의 이미지적 유사물을 주려는 것이었습니다. 저는 그녀가 그런 움직임을 했다는 것을 쉽게 알아차렸죠.[30]

---

29 [옮긴이] 뒤에서 지은이가 설명하듯 벤야민은 이 문장을 프랑스어로 쓴 다음 독일어로도 번역해 괄호 안에 넣었다. 그래서 여기서도 해당 독일어 문장을 병기 처리하지 않고 괄호로 묶는다.

벤야민을 정신분석하는 척 시늉할 생각은 없다. 하지만 여기서 볼 수 있는 에로틱한 것과 문자로 기록된 것scriptorial의 결합은 문화 정체성이라는 그리고 글쓰기의 세 가지 불가능성이라는 우리의 관심사와 직결된다. 에로스와 죽음의 기이한 합성, 죽음Tod보다는 사랑Liebe에 더 가까워 보이는 사랑의 죽음Liebestod[31]은 자살을 탈출로 이해한 벤야민의 시각(그는 이를 오랫동안 고민했고 1년도 지나지 않아 실행에 옮겼다)을 반영하고 있을 가능성이 농후하다. 이 점이 꿈에서 깬 다음 벤야민이 희열감을 느낀 이유를 부분적으로 설명해 줄 것이다. 특히 나는 침대이기도 한 관을 언급하고 싶다. [처음에는] 아마도 연인들이 차지했을 테고 [그다음에는] 아름다운 여성이 누운 채로 다시 등장하는 이 관은 뒷부분에서 더는 관의 외관을 취하지 않는다. 벤야민이 아버지에게 물려받았고 윗부분이 찢긴 파나마 모자는 무엇보다도 사회적 좌절이라는 특정한 감각을 무심코 누설하며, 나아가 꿈을 꾸고 있던 벤야민이 자신을 테라스에서 마주친 집단의 외부자로 느꼈음을 언급할 필요가 있다. 고국의 사교계에서 세련된 멋쟁이(에밀 벤야민이 분명 그런 사람이었다)의 징표였던 이것, 아버지가 아들에게 물려준 이것이 갑자기 끔찍한 무너짐을 나타내게 된다. 나아가 이 모자는 여성 섹슈얼리티를 강하게 연상시

---

30 Benjamin, *Briefe*, ed. G. Scholem & T. Adorno, Frankfurt, 1966, 2: 830-831. [옮긴이] 그레텔 아도르노에게 보낸 편지의 이 부분은 하워드 아일런드·마이클 제닝스, 『발터 벤야민 평전: 위기의 삶, 위기의 비평』, 김정아 옮김, 글항아리, 2018, 855-857쪽에도 번역되어 있다.

31 [옮긴이] '사랑의 죽음'은 리하르트 바그너의 오페라 〈트리스탄과 이졸데〉 대단원을 장식하는 곡이다.

키는 하나의 균열에 의해, 즉 붉은 자국이 묻은 금fente[32]에 의해 형태가 훼손되어 있다(아니면 의복 및 사회적 영역에서 본능이라는 비사회적 영역으로 형태가 변모했다고 말해야 할지도 모르겠다).

꿈의 이 지점에서 글쓰기가 기묘하게 끼어들며, 아버지와 결부된 불편한 사회 영역에서 사적인 에로스 영역으로 훌륭히 넘어가는 수단이 된다. 꿈꾸는 이는 비밀로 남겨 두고 싶은 제 면모를 필적을 감정하는(벤야민 자신이 필적 감정학Graphologie 전문가였다) 여성이 알아낼까 봐 두려워한다. 이는 노출하고 싶은 욕망과 감춰야 할 필요 사이의 긴장으로, 대부분 작가가 이 긴장을 느끼겠지만 아마도 그보다 더 대부분의 유대인 작가가 이를 느낄 것이다. 그런데 그의 글에서 알아볼 수 있는 글자는 d(물론 육필 d)의 윗부분뿐이며, 필적 감정학적 분석에 따르면 이는 벤야민 자신의 문학적 작업이 거듭 그러했듯 정신성을 향한 상승을 열망한다. 어쩌면 도스가 가까이 있었기 때문에 d를 떠올렸는지도 모른다. 하지만 이는 또 필명인 데틀레프의 첫 글자기도 하다. 데틀레프는 벤야민이 그레텔 아도르노에게 보낸 편지에 서명한 이름이요 따라서 하나의 개인 서명이다.[33] 또 누군가는 독일어 문장을 포함한 이 프랑스어 꿈에서 기입 체계들이 쟁점이 되고 있으니 과잉 결정된 d가 완곡하게는 독일어Deutsch—이 작

32 [옮긴이] 프랑스어 fente는 여성 성기를 가리키는 속어로도 사용된다고 한다.

33 [옮긴이] 벤야민은 『1900년경 베를린의 유년 시절』에 실린 일부 글을 『프랑크푸르트 신문』이나 『포스 신문』에 기고했는데 이때 데틀레프 홀츠(Detlef Holz)라는 가명을 사용했다. 또 그레텔 카르플루스 아도르노와 주고받은 편지에서도 데틀레프 혹은 데틀레프 홀츠로 서명하곤 했고, 나아가 편지 모음집인 1936년 작 『독일인들(*Deutsche Menschen*)』도 이 이름으로 출간했다. 아일런드·제닝스, 『발터 벤야민 평전』, 510, 534, 710~711쪽 참조.

가의 출발점이자 일상적인 매체—도 환기하고 있는 것 아니겠냐고 생각할 수 있으리라. 어떤 해석이 옳든 여기서 글쓰기는 옷감이라는 낯선 매체에 실행되었고, 옷감과 여성의 몸이 맺은 환유적 연관 관계는 꿈의 논리에 의해 강하게 구축된다. 글쓰기는 일종의 자수로, 여성과 결부된 활동으로 변형되며, 글자 d에서 알아볼 수 있는 부분은 테두리가 파란 작은 베일로 덮여 있다. 결정적인 계시 지점에서 벤야민은 수수께끼 같은 문장을 적는다. "이건 한 편의 시를 피슈 한 자락으로 바꾸는 문제입니다." 그리고 이 문장을 프랑스어로 말했다고 이미 강조했음에도 그는 그레텔 아도르노가 착오를 일으키지 않고 단어들을 글자 그대로 이해할 수 있도록 만들어 주겠다고 마음이라도 먹은 듯이 이 문장을 독일어로 번역한다. ES handelte sich darum, aus einem Gedicht ein Halstuch zu machen. 피슈 혹은 할스투크는 여성의 목에 두르는 [세모꼴] 숄이며 욕망의 대상이 되는 몸을 문자 그대로 묶는tie 의복이다. 벤야민이 적은 문장의 수수께끼는 순수하게 실현된 욕망으로 변형된 언어라는 유토피아적인 상상을, 덧붙여 말하면 숄렘이 연구한 사바타이주의자들 중 급진적인 반율법주의 분파 일부가 완벽하게 이해했을 상상을 구현한다. 단어는 몸이 되며, 그게 아니라면 적어도 몸을 만지는 사물이 된다. 문화적 차이가 초래하는 모든 긴장과 삐거덕대는 마찰 너머에 있는 기입 행위는 독일어도 프랑스어도 히브리어도 아닌 순수한 물질성으로서, 그 형식을 통해 정신성을 향한 열망(좌에서 우보다는 아래에서 위로 향하는)을 보여 주지만 [그다음에는] 꿈꾸는 자를 곧장, 마치 언어의 매개 장벽들이 무너지기라도 한 듯

이, 사랑스러운 육신[육욕]이 손짓하는 침대로 이끈다.

침대에 누운 여성이라는 이 마지막 이미지의 짓궂은 성격은 주목을 요한다. 이것이 꿈에 대한 설명이 아니라 의식적인 문학적 창안물이라면 오늘날의 비평가는 여기서 은폐와 드러남[계시]이라는 쟁점이 명시적으로 '주제화'되었다고 어려움 없이 주장할 수 있을 것이다. 꿈꾸는 이는 누워 있던 아름다운 여성이 제 몸이 아니라 몸에 닿은 침대보 디자인을, 하나의 이미지une imagerie를 드러내려는 의도로 번개 같은 제스처를 취했음을 감지하고 있으며, 여하튼 이 이미지는 [인용문 앞부분에 등장하는] 불가사의한 옷감에 수놓여 있지만 대부분이 가려진 이미지-글에 상응한다. 그럼에도 이 순간을 환기할 때 강렬한 관음증적 감정이 드러난다. 마치 꿈꾸는 이가 바라본 것이 옷감의 패턴 이상인 양 말이다. 전체가 거의 가려진 무언가를 갑자기 유혹하듯 언뜻 보여 준 순간에 여성은 도발적으로 이불의 한쪽 모서리를 들춰 올린다. 게다가 그녀는 침대에 누운 아름다운 여성으로, 남성 관찰자의 눈에는 정의 불가능한 어떤 불가사의를 계속 간직하고 있는 듯 보이며, 그리하여 위의 인용문 다음 문장에서 그는 자신의 눈이 아니라 "일종의 보충적인 시선"으로 봤다고 말한다.[34] 누군가는 단순히 감질나다고 여길 수도 있을 이 관음증적 순간을 벤야민은 경이로운 완성[35]으로 경험한다. 그랬기에 강렬한 행복감을 느끼며 눈을 뜨고는 몇 시간이나 깨어 있었으며, 나아가 편

34 [옮긴이] 이는 벤야민이 다른 곳에 시선을 둔 채로 여성의 움직임을 감지하거나 흘깃 보았다는 뜻이다.

35 [옮긴이] '완성'으로 옮긴 consummation은 '성관계 맺기'나 '첫날밤 치르기'라는 뜻도 지닌다.

지에서 그레텔 아도르노에게 꿈을 묘사함으로써—다시 한번 희열과 글쓰기의 융합—저 행복감을 나누고자 한 것이다.

벤야민의 성 심리 생활과 관련해 무엇을 암시하건 이 꿈은 그의 사유 모체이던 언어, 글쓰기, 경험이라는 문제틀을 계시적으로 드러낸다. 내 제안은 언어적·문화적 다수성이라는 조건이 불안을 자아내는 차이들을 조성한다는 감각이 언어에 대한 벤야민 사유의 기원 지점이라는 것이다. 열정적으로 집필 활동을 벌인 출중하고 복잡했던 독일인 벤야민과 아마도 그와는 다른 방식으로 문화와 관계 맺었을 여타 비유대인 독일어 사용자들 사이에는 최소한 잔여의 차이—카프카가 말한 불가능성들의 흔적—가 남아 있다. 한 유럽 언어와 다른 유럽 언어 사이에는 당혹케 만드는 차이가 있으니, 그리하여 벤야민은 거듭 번역의 수수께끼들을 숙고하고 번역 행위라는 언어적 이전移轉이 어떤 식으로든 환기하는 우주적인 보편성을 지닌 신적 언어를 상상했다. 그리고 그가 배우고 싶어 했지만 그러지 못한 시원적인 히브리어와 왼쪽에서 오른쪽으로 쓰는 모든 언어 사이에는 근본적인 차이가 있다. 그가 생애 막바지에 꾼 꿈에서 이 모든 차이가 용해된다. 프랑스어와 독일어가 한데 모이는 듯이 보이며 어쩌면 교환 가능해질 것이다. 한층 분명한 점은 글쓰기가 내밀한 개인적 특질 혹은 파나마 모자처럼 물려받은 유산을 부지불식간에 노출하기를 그치며, 그 대신 형식적 문자 체계들이라는 특수주의에서 벗어난 감각적으로 구체적인 '이미지'가 되어 글자 d의 윗부분만을 모든 알파벳의 자취로 보존한다는 것이다. 또 상승을 열망하는 d들은 벤야민이 구상한 신적 언어 개념의 유일한 잔여 흔적인 반면 옷감에 새겨진 글은 이제 전사transcription나 표상, 추상이 아니라 욕망의 실현이 된다. 침대에 누운 아름다운 여성은 벌거벗음을 노출하거나 꿈꾸는 이와 함께 혹은 그를 위해 육욕적인 행위를 할 필요가 없다. 침대보에 새겨진 패턴을 그에게 보여 주는 것으로 충분한데, 왜냐하면 여성이 덮고 있던 이불이 바로 벤야민 자신의 글쓰기, 중요한 의미를 담고 있는 동시에 손쉽게 해독할 수 없는 자기표현이기 때문이다. 꿈의 영역 바깥으로 나가면 글쓰기는 바벨탑 이후의 문화적 실존이 처한 딜레마들에 끝없이 출몰해 온 하나의 징후다. 그리고 벤야민의 오랜 숙고 대상이었으며 그 자신이 바벨탑 신화에 사로잡혔던 카프카만큼 이 딜레마와 그것이 초래한 교착상태들을 날카롭게 인식한 작가는 없다. 카발라는 저만의 방식으로, 즉 시원적인 히브리어가 쓰인 형식들을 모든 우주적 불가사의의 열쇠로 상상함으로써 딜레마들을 초월하고자 했다. 오직 벤야민의 꿈속 상상만이 모든 문화 코드에서 해방된 글쓰기라는 환상, 블레이크의 구절을 빌리면 "만족을 느낀 욕망의 [외형적] 윤곽들"을 기입하는 글쓰기라는 환상에서 또 다른 탈출구를 엿봤다.[36]

우리의 세 작가 중 작품에서 언어들과 히브리어의 역할이 가장 묘한 인물은 카프카다. 당연히 숄렘의 글은 그가 언어를 다룬 문헌학자이자 역사가, 사변적 사상가로서 히브리어 세계에 몰두했다는 사실을 끊임없이 반영한다. 후기의 카프카론이나 「언어 일반과 인간의 언어에 대하여」에서 그랬듯 벤야민은 가끔 제

---

36 [옮긴이] 이 구절은 윌리엄 블레이크의 『노트북(*Notebook*)』에 수록된 「대답된 몇 가지 질문(Several Questions Answered)」의 한 행이다.

대로 배운 적 없는 언어와 전통에 관한 자신의 사색을 명시적으로 활용한다. 반대로 1911년경부터 유대교와 유대 문화라는 문제에 심취했고 말년 6년간 히브리어를 익히고자 계속 노력했음에도 카프카는 예외적인 작품인 「회당의 동물Das Tier in der Synagoge」(회당의 여성 구역에서 지내는 정체불명의 동물이 등장하는) 하나를 빼곤 픽션에서 유대적인 것을 전혀 언급하지 않는다. 표면상 장편과 단편에는 이 작가가 유대인임을 누설하는 단서가 전혀 없다. 등장인물 이름이 명시적으로 유대식인 경우도 없다. 배경과 제도는 현대적이고 도시적이며, 관료주의적이거나(『소송』에 등장하는 은행과 법정과 수도원 같은 임대주택처럼) 전형적이거나(마을과 성 혹 중국 제국 영역처럼) 환상적이거나(『아메리카*Amerika*』와 여타 여러 단편 및 동물 우화처럼) 때로는 그리스도교적이다(『소송』의 대성당처럼). 내 생각에 카프카는 유대인 출신을 벗어나거나 감추려 시도하지 않았다. 그 대신에 그는—이것이 분명 그의 작품이 발휘하는 이상한 힘의 주된 원천일 텐데—유대인의 실존이 맞닥뜨린 특유의 곤경을 '인간 일반überhaupt'의 실존적 딜레마들이라는 이미지로 전환하고자 했다. 결정적인 한 측면에서 스스로를 독일 문화의 외부자로 느낀 작가인 그는 아마도 자신이 위험을 극복한 방식, 즉 "다른 누군가의 재산property을 …… 슬쩍 도둑질한" 방식이 저만의 고유한property 독일어를, 그뿐 아니라 보편적으로 인간적인 것을 형성했음을 감지했을 것이다.[37] 여러 카프카 비평가가 유대적 주제라고 제안한 것 전부에 모든

37 [옮긴이] 이 인용문은 앞서 몇 차례 언급한 막스 브로트에게 보낸 1921년 6월 편지에 나온다.

독자가 동의하지는 않겠으나 실제로 그의 단편과 장편은 망명, 동화同化, 위험에 처한 공동체, 계시, 주석, 법, 전통, 계명 같은 문제를 다양한 방식으로 거듭 다룬다. 많은 경우 이 주제들은 카프카를 괴롭힌 신경증적 강박들을 반영하며 고안되었지만 그렇다고 해서 그것들의 보편적인 함의가 꼭 축소되는 것은 아니며, 이따금씩 그는 특히 한층 짧은 작품에서 이것들이 문화와 신학에 관한 일반적인 성찰이라고 표명한다.

언어의 측면에서 볼 때 카프카의 픽션은 독일어를 수단 삼아 언어의 효력에 덧씌워진 모든 가상—신이 원언어를 인간에게 주었고 이 언어가 현실의 확고한 기반을 제공할 수도 있다는 관념을 포함해—을 인정사정없이 비판한다. 그가 집필한 마지막 단편인 「여가수 요제피네 혹은 쥐 민족Josefine, die Sängerin, oder Das Volk der Mäuse」은 그런 가상을 특별히 날카롭게 풍자한 작품이다. 명시적으로 예술가와 청중 사이의 긴장과 공생 관계를 다루는 이 단편은 그뿐 아니라 여러 주석가가 지적했듯 내가 방금 제시한 유대적 주제들과도 강하게 공명한다. 쥐 민족은 끝없이 실존을 위협받고, 자주 위안을 필요로 하며, 종족 전체는 어리지만 [태어난 직후부터] 때 이르게 나이 든 셈이 되고,[38] 음악이 없는 시대에 이르러서도 노래하는 전통("오래전 나날에는 우리 민족도 노래를 불렀다")에 사로잡혀 있다. 이는 역사적으로 디아스포라 처지였던 유대 민족과 모든 면에서 유사하다. [쥐 민족이] 실제로 노래를 불렀던 오래전 나날과 성서 속 장엄한 이스라엘 사이의 암시적인 유비 관계 때문에 요제피네가 부르는 노래의 진짜 본

38 [옮긴이] 이는 쥐 민족의 세대 간격이 짧다는 뜻이다.

성에 대한 화자의 폭로는 숭고한 예술의 가능성을 묻는 것일 뿐 아니라 초월적 언어라는 이념(히브리어에 대한 벤야민이나 카발라의 관념)을 비판하는 것이 된다. 쥐 민족은 딱하게도 가늘고 높은 휘파람으로 소통하며, 요제피네 예술의 효과는 말하자면 청각적 거울들이라는 술수를 통해 달성된다. 즉 그녀 역시 휘파람을 불 뿐이다. 왜냐하면 쥐 민족이 보유한 유일한 언어가 휘파람이기 때문이다.

한 쪽짜리 우화인 「도시 문장Das Stadtwappen」에서는 성서 기록 자체까지 거슬러 올라가 언어에 관한 주장들을 비판한다. 이 작품은 얼핏 보이는 것보다 더 전복적으로 바벨탑 이야기를 다시 쓰고 있다. 「창세기」 이야기는 태고 시대primeval age[39]를 설명하는 가장 위대한 원인론적 신화 중 하나다. 카프카는 태고 시대를 역사로 대체하며 그리하여 이야기의 의미를 근본적으로 바꾼다. 그는 다음처럼 사실에 입각해 단편을 시작한다. "바벨탑을 축조하던 초기에는 모든 것이 웬만큼 질서가 있었다. 아니 그 질서가 너무 완벽했을지 모른다. 작업에 들어가기까지 몇 세기가 남아 있기라도 한 양 지침, 통역관[해석가], 일꾼 숙소, 교통로를 너무나 깊이 고려했던 것이다."[40]

화자가 사무적인 어조로 정보를 나열하며 "질서"의 사례들을 재빨리 훑고 넘어가는 탓에 독자는 성서 이야기를 완전히 바꾸는 하나의 항목 즉 통역관[해석가]을 지나치게 될지도 모른다.

---

39 [옮긴이] 성서에서 태고 시대는 「창세기」 1-11장의 배경이 되는 시대를 뜻한다.

40 Kafka, *The Complete Stories*, ed. N. N. Glatzer, New York, 1971, p.433[『변신: 단편 전집』(개정 2판), 이주동 옮김, 솔, 2017, 578쪽].

"세상에 언어가 하나여서 모두가 같은 말을 썼"던 때 이야기가 시작되는 「창세기」와 달리[41] 여기에는 시원적인 보편 원어도 신이 세상에 말해 인류를 창조할 때 사용한 본원적인 히브리어도 없다. 「창세기」에서 그랬던 것과 달리 여기서 언어의 복수성은 자만 가득한 탑 건설자들의 야심을 좌절시키기 위한 처벌이나 수단이 아니라 역사 속에서 살아가는 인간인 이들에게 전제된 하나의 세부 조건이다. 탑이 목표를 향해 솟아오르지 못하도록 막는 심각한 불일치는 인간 본성에 내재한 분열의 귀결이며, 이 분열로 인해 언어가 복수화되었을지도 모른다고 추론할 수 있다. 미래의 기술 진보 덕분에 저희의 기획이 한층 수월하게 완수되리라고 확신한 건설자들은 탑이 아니라 일꾼들을 위한 도시를 건축하는 데 주력하며, 이웃이나 구역을 둘러싸고 벌어진 영토 관련 분쟁은 곧 민족들 간의 유혈 갈등으로 이어진다. 그래서 탑은 완공되지 않은 상태로 남을 뿐 아니라 후속 세대들에게는 무의미한 발상으로 여겨지기까지 한다. 이 세대 자신도 도시에서 옴짝달싹 못 하고 있지만 말이다(카프카 판본의 반도시주의는 성서의 원이야기[「창세기」 11장]와 온전히 일치하는 한 측면이다). 결론부에서 화자는 매우 놀라운 관점으로 도시의 미래를 묘사한다. 이 도시의 문장에는 오므려 쥔 주먹이 그려져 있으니 "이 도시에서 생겨난 모든 전설과 노래는 어느 예언된 날을 향한 갈망으로 가득 차 있고 [예언에 따르면] 그날 한 거인이 다섯 번의 주먹질을 연달아 퍼부어 도시가 파괴될 것이기" 때문이다.[42] 복원하

41 [옮긴이] 이 문장은 「창세기」 11장 1절에 나온다.

42 Ibid. p.434 [같은 책, 579쪽].

기를 꿈꿀 시원적인 언어도 되돌아갈 기원적인 통일도 없다. 내부의 다툼 때문에 역사는 탈출할 길 없는 덫이 된다. 유일한 예외는 묵시록적 파괴를 통한 탈출로, 이는 역사 전체를 끝냄으로써 구원이 아니라 안도감relief을 가져다줄 것이다.

구원의 희망 따윈 없는 세계에 갇혀 있다는 비통함을 개인 층위에서 부정적으로 해결하는 시도는 「어떤 꿈Ein Traum」이라는 단편에서 상세히 설명된다. 애초에 카프카는 이 단편을 『소송』에 포함하려 했지만 곧 자신이 구상한 저 장편의 결말과 충돌을 일으킨다는 것을 깨달았다. 여기서도 언어라는 문제틀이 풀려남으로서의 죽음이라는 발상과 결부되며, 벤야민이 실제로 꾼 꿈에서와 마찬가지로 언어는 알파벳으로 된 비문碑文[기입]으로 환기된다. 『소송』의 주인공인 요제프 K가 어느 날 꿈을 꾼다. 꿈속에서 그는 걸음을 내딛자마자 묘지에 와 있게 되고, 새로 쌓은 무덤 하나를 발견하고는 이상한 매력을 느낀다. 두 남자가 나타나더니 아무 내용도 새겨져 있지 않은 비석을 세운다. 그런 다음 한 명의 예술가가 불쑥 등장한다. 평범해 보이는 연필 한 자루를 쥔 그는 비석에 다가가 글자를 새겨 넣기 시작한다.

> 그는 쓴다: '여기 잠들다.' 모든 글자가 깨끗하고 아름다웠으며 순수한 금빛으로 깊이 새겨졌다. 이 두 단어를 쓴 다음 그는 몸을 돌려 K를 봤으며 비석에 무엇이 더 새겨질지 몹시 알고 싶어 하던 K는 남자에게 거의 개의치 않은 채 비석에만 몰두하고 있었다. 남자는 다시 앞을 보고 비문을 더 새기려 했지만 그럴 수가 없었다. 무언가가 그를

방해하고 있었다. 그는 연필을 쥔 손을 내리더니 한 번 더 K 쪽으로 몸을 돌렸다. 이번에는 K도 그를 봤으며 이 사람이 설명할 수 없는 이유로 매우 당황해 있다는 것을 알아차렸다. 앞서 볼 수 있었던 활기는 사라진 채였다. 그 탓에 K도 당혹감을 느꼈다. 이들은 어찌해야 할지 모르겠다는 시선을 나누었다. 두 사람 사이에는 누구도 해소할 수 없는 끔찍한 오해가 놓여 있었다. 때 맞지 않게 묘지 예배당에서는 작은 종이 울리기 시작했고 예술가가 손을 들어 신호를 보내자 멈췄다. 잠시 후에 다시 종이 울리기 시작했는데 이번에는 아주 조용했고 소리를 시험해 보려고 한 것인 양 아무 요청도 하지 않았는데 곧바로 다시 멈췄다. 곤경에 빠진 예술가에게 안타까움을 느낀 K는 울기 시작했고 손을 입에 댄 채로 오랫동안 흐느꼈다. 예술가는 K가 진정할 때까지 기다린 다음 다른 도리가 없었기에 계속 비문을 새기기로 결심했다. 그가 작게 한 획을 긋자 K는 안도감을 느꼈다. 하지만 분명 예술가는 마지못해 글자를 써 넣고 있었다. 작업도 더는 아름답지 않았다. 무엇보다 금박이 부족해 보였고 획은 제멋대로에 색이 바래고 불분명하게 그어졌으며 다만 글자가 매우 커졌다. 그가 쓴 것은 J였는데 거의 완성되었을 때 예술가가 화를 이기지 못하고 한 발로 무덤을 걷어찼고 주위로 흙이 튀었다. 오랜 시간이 흐른 뒤 K는 그를 이해했다. 그에게 사과하기에는 너무 늦은 상태였다. K는 열 손가락 전부로 거의 아무런 저항도 하지 않는 땅을 팠다. 모든 것이 사전에 준비되어 있었던 것 같았다. 땅의 겉면은 얇은 층을 이루고 있을 뿐이었고 곧 그 아래에 벽면이 가파른 커다란 구멍이 모습을 드러냈다. K는 구멍 안으로 들어갔고 부드러운 기류가 등을 떠밀었다. 이미 불가해한 깊이 안으로 빨려 들어갔지만 그는 여전히 목덜미를 들어 머리를 곧추

세웠고 위에서는 그의 이름이 화려한 장식체로 비석 위를 질주하고 있었다.

이 광경에 황홀함을 느끼며 그는 잠에서 깼다.[43]

카프카가 자신이 통절하게 느낀 유대인 경험을 보편적이고 따라서 조금은 그리스도교적인 수단으로 체계적으로 전치했다는 사실이 여기서 눈에 띄게 두드러진다. 소설에서와 마찬가지로 요제프 K의 종교적이거나 민족적인 정체성은 상당히 모호한 채로 남겨져 있지만 종이 울리는 예배당을 갖춘 묘지는 확실히 그리스도교적이다. 하지만 특징적인 점은 그리스도교 배경에 따라붙는 세부 사항이 이 배경 특유의 그리스도교적 성격이 아니라 반대로 그 배경의 원형적인 반향을 위해 활용된다는 것이다. 다시 말해 요제프 K는 종이 누구를 위해 울리는지[누가 사망했는지] 알아볼 필요가 없으니 바로 그를 위해 울리고 있기[그가 사망했기] 때문이다. K와 예술가의 어긋남은 전형적인 카프카식 계기요 실질적으로 카프카가 짠 모든 플롯의 토대다. "두 사람 사이에는 누구도 해소할 수 없는 끔찍한 오해가 놓여 있었다." K가 완고한 정의justice가 사전에 마련한 계획에 따라 기꺼이 자신의 —희생 제물?—역할에 복종하고자 했다면 묘지 예술가도 가장 순도 높은 금을 입힌 화려하고 아름다운 글자를 새겨 넣으며 제 예술을 계속 펼칠 수 있었으리라. 그런데 전통 예술가와 그에 저항하는 고집스런 개인 주체가 불일치를 이룬 까닭에 문

43 Ibid., pp.400-410[같은 책, 254-255쪽].

자 장식calligraphy 예술의 조화가 깨지면서 획이 흔들리고 삐뚤삐뚤해졌고 금박도 벗겨졌다. 아마도 이는 자신의 모더니즘적 글쓰기를 카프카 스스로 풍자한 이미지일 것이다.

글자를 새기는 작업에 독특하게 초점을 맞춘 꿈이 친 문화적 가지들을 숙고해 보자. K가 본 첫 단어는 '여기 잠들다Hier ruht'로 아마 묘비 제일 윗부분에 새겨졌을 것이다. 위에서 나는 카프카가 보편적인 것으로의 전치를 실행했다고 말했는데 여기서 그것이 엄격한 의미의 문자적 층위에서 드러난다. 이 전치는 이야기의 주제 구조 안에서 상세히 설명되지 않지만 이것이 작가의 의식에 가하는 압력은 무시할 만한 수준이 결코 아니다. 카프카가 히브리어라는 지평을 향했고 또 프라하의 유대인 공동묘지 덕분에 개인적으로 묘지에 친숙했기에 왼쪽에서 오른쪽으로 읽는 '히어 루트'와 더불어 오른쪽에서 왼쪽으로 읽는 히브리어 표현 '페 눈peh nun'도 알았다는 사실을 지적하고 싶다. '페 눈'은 '여기 묻히다'를 뜻하는 '포 니크바르Poh niqbar'의 약어로 거의 모든 유대인 묘비에서 이름 위에 새겨진다. 예술가가 비문 작업을 재개했을 때 이번에는 주체의 저항 때문에 마지못한 태도로 불완전하게 글자를 새겨 넣었고 첫 글자는 대문자 J였다. 공교롭게도 알파벳 J는 그 독일어 명칭(요트)이 그에 상응하는 히브리어 글자(요드)와 발음이 거의 같다.[44] 하지만 이 J가 형언할 수 없는 신의 이름 첫 글자라고 생각하기는 어렵다(카프카는 분명 J가 야웨 문서를 지칭한다는 사실에 익숙했을 것이다. 이는 독일 성서학 덕분

---

44 [옮긴이] 라틴 알파벳 체계의 열째 글자인 J는 독일어로 요트(Jot)라 읽는다. 한편 요드(yod)는 히브리어 알파벳 체계의 열째 글자다.

에 널리 알려졌다). 왜냐하면 "오랜 시간이 흐른 뒤 K는 그를 이해했"기 때문이다. 물론 K가 이해한 것은 J가 자기 이름[요제프] 첫 글자라는 사실이었고, 자신이 매장될 운명임을 받아들인 순간 모든 것이 순식간에 변한다. 땅이 물로 바뀌며 그가 제 무덤에 뛰어들자 부드러운 기류einer sanften Strömung가 그를 띄운다(이는 벤야민의 꿈에 등장한 관-침대를 상기시킨다). 그리고 이제 이 이름의 나머지 글자가 화려한 장식체로 비석 위를 질주한다.

벤야민의 꿈과 달리 여기서는 에로틱한 모티프가 두드러지지 않는다. 마지막 부분에 나오는 구멍에 뛰어드는 행위와 부드럽게 떠밀리는 경험을 해석가가 프로이트적인 열의로 에로틱하게 받아들이지 않는 한 말이다. 벤야민의 꿈에서는 타나토스가 배경에, 에로스가 전경에 자리 잡고 있었다. K의 꿈에서는 정반대다. 두 텍스트의 연결 고리는 석비가 널린 풍경에서 글자를 새기는 행위와 결부된 독특한 희열감이다. 현실의 발터 벤야민과 픽션 속 요제프 K 둘 다 황홀감을 느끼며 꿈에서 깨니 말이다. 앞서 살폈듯 벤야민의 꿈에서는 아버지가 파나마 모자라는 징표로 존재한다. 카프카가 등장인물을 위해 창안한 꿈에는 헤르만 카프카나 그에 해당하는 픽션 캐릭터의 흔적이 없다. 이 장면에서 예술가는 아버지 형상의 힘을 보유하고 있지 못한데 그 이유는 카프카의 경험과 상상 세계에서는 부성 영역과 예술 영역이 단호히 대립하기 때문이다. 하지만 『소송』에서 요제프 K를 가두고 있고 외견상 제멋대로며 완고해 보이는 권위의 체계는 확실히 아버지-원칙을 히드라 머리를 한 하나의 법적·사회적 장치 전체에 투사한 것이다. 어찌할 바를 모르고 심란해하는 묘지 예술가는 묘비를 세운 이름 없는 두 남자와 마찬가지로 저 체계의 하찮은 관리자 중 하나다. '여기 잠들다Hier ruht'는 아버지 언어에 속한다.[45] 이는 그 밑에 새겨진 이름도 마찬가지다. 획이 흔들리는 J로 시작해 왼쪽에서 오른쪽으로 이어지는 이 이름은 아버지가 그에게 준 것이다. 이 글자들이 죽음의 문장[사형 선고]을 의미함에도 요제프 K는 「선고」의 게오르크 벤데만처럼 선고에 복종하자마자 저항의 비통함에서 풀려난다. 글자 J가 작게 그려지자 안도감sense of relief을, 다른 맥락에서는 '구출'이나 '구원'도 뜻하는 '에어뢰중Erlösung'을 느끼니 말이다.

이 단편이 카프카가 묘비와 비문을 막혀 있는 자기 운명의 이미지로 숙고한 첫 사례는 아니다. 「어떤 꿈」을 집필하기 몇 년 전인 1910년 12월 15일 일기에서 그는 감정적 상태와 작가로서의 소명을 이렇게 기록했다. "나는 돌로 만들어진 것 같고 나 자신의 묘비인 것 같다. 의심을 위한 혹은 믿음을 위한, 사랑 혹은 반감을 위한, 용기 혹은 불안을 위한 특수하거나 일반적인 구멍이 없기 때문이다. 막연한 희망만이 살아 있을 뿐이지만 묘비명보다 나을 것도 없다."[46] 픽션 속 꿈은 알파벳을 새기는 행위에 현저한 중요성을 부여함으로써 묘비를 막다른 길에서 유혹적인 출구로 변형한 셈이다.

---

45 [옮긴이] 이 문구는 종종 Hier ruht in Gott 형태로 쓰인다고 하며 '하느님 품안에 잠들다' 정도로 이해할 수 있다. 지은이가 이 표현이 "아버지 언어에 속한다"고 말한 것도 Gott 때문이 아닌가 싶다.

46 Kafka, *The Diaries, 1910-1923*, ed. Max Brod, trans. Joseph Kresh & Martin Greenberg, New York, 1948-1949, p.29[『카프카의 일기』, 이유선·장혜순·오순희·목승숙 옮김, 솔, 2017, 108쪽].

나는 「어떤 꿈」이나 『소송』이 유대인 정체성 혹은 독일어와 히브리어의 대립을 명시적으로 다룬다고 제안하는 것이 아니다. 요제프 K는 다른 벡터들—자신의 도덕적 성격, 책임을 회피하려는 성향, 다른 인간 존재들과 조작적이고 도구적으로 맺은 관계 및 그로 인해 처하게 된 근본적인 고립 상태, 자기 파괴적인 심리 상태가 초래한 신경을 좀먹는 불안정함—에 떠밀려 죽음이 하나의 탈출구가 되는 지점으로 몰린다. 카프카의 유대인 배경을 참고하지 않아도 이 모두를 완벽히 일관되게 읽을 수 있다. 하지만 여기서 내 목표는 '내생적인' 텍스트 해석을 제안하는 것이 아니라 텍스트를 작가의 문화적 곤경을 반영하는 기록으로 이해하는 것이다. 꿈-죽음을 통한 요제프 K의 '구출'은 소설에서 추론할 수 있는 갖가지 원인에 따라 규정되지만 꿈-죽음의 특수한 대리인agency은 왼쪽에서 오른쪽으로 읽히는 글이다. '페 눈'이 '히어 루트'로 전위되는 것은 여기서나 그의 다른 픽션에서나 카프카의 주인공이 실존을 유지할 수 없게 만드는 자기소외의 상징인 것이다.

세 작가 모두 모국어가 낯설다는 특정한 걱정을 표출했다. 이들은 모국어가 가장 미묘한 표현 도구로 가깝고 소중하다고 느꼈지만 그럼에도 이 언어를 거북하고 심지어는 위협적인 타자성의 언어로 여겼다. 언어와 관련된 이런 불안을 가장 극단적이고 과장되게 표현한 기록은 아마 카프카가 한 일기(이디시 극단을 발견한 직후인 1911년 10월 24일)에서 펼친 주장일 것이다. 거기서 그는 유대인인 어머니가 정말로 한 명의 [독일어로 부르는] 어머니Mutter일 수는 없으며, 어머니를 '무터'라고 불러야 할 필요성 때문에 작은 심리적 거리가 생겨 온전히 어머니를 사랑하지 못하게 된다고 말한다. 확실히 벤야민은 이런 언어적 양가성을 훨씬 덜 강하게 느꼈을 것이다. 하지만 주제를 독일어에서 프랑스어로 옮기도록 이끌려 꿈-편지에서 언어들을 교차하는 데까지 나아갔을 때, 그리고 이 같은 유럽적 교환을 넘어 한낱 민족적이고 역사적인 언어적 분할 전체의 변치 않는 모체인 시원적인 우주적 언어라는 발상을 명상했을 때 그는 이 양가성을 충분히 의식하고 있었다. 숄렘의 경우 독일어에서의 소외는 처음에는 잠재적이었지만 이후 전기적 차원에서 선명하게 현실화되었다. 성인기에 이르는 과정에서 히브리어 쪽으로 건너갔으며 얼마 뒤에는 팔레스타인으로 이주했으니 말이다. 20여 년 후인 1946년 방문차 독일에 돌아왔을 때 그는 이 기간, 그중 절반은 전체주의 체제의 지배하에 있었던 이 기간에 자신의 모국어가 추하고 생소한 무언가로 변해 버렸다는 사실을 알아차렸다.[47]

나는 세 작가가 독일어와 거북한 관계였으며 이 거북함이 눈부시도록 탁월한 독일어 활용과 결합해 이들 모더니즘의 중요 요소를 이루었다고 생각한다. 왜냐하면 일반적으로 문학적 모더니즘은 언어의 실효성에 대한 근본적 회의(실질적으로 언어에서 소외되어 있다는)와 언어에 대한 도취(언어의 표현적·모방적·미학적 가능성을 한껏 즐기는) 사이에서 진동하며, 때로는 한 작가의 작품에서조차 그러기 때문이다. 조이스, 프루스트, 헤르만 브로흐는 언어에 취하도록 만드는 작가며 가끔은 그 과정에서 자신을

47 이는 바이에른 미술 아카데미 강연에서 한 말로 *'Od Davar*, pp.59-60에 전사되었다.

해치기까지 했을 것이다. 반면 조이스와 프루스트를 신봉한 베케트는 인정사정없는 회의의 충동을 가능한 한 멀리까지 밀어붙였다. 하지만 저명한 모더니스트들조차 언어의 충분함adequacy을 당연한 것으로 받아들이지는 못했다. 작가가 세계를 이해하는 시야의 권위를 실어 나르려면 언어는 어법, 구문론, 형상화 층위에서, 그리고 『피네건의 경야*Finnegan's Wake*』라는 극단적 사례를 고려하면 심지어 형태소와 음소 및 그것들이 구성하는 단어 층위에서 관습적인 형태를 벗어나야 했으니 말이다. 독일어를 사용하며 이 언어와 그것의 문학적 전통에 매료된 유대인 작가라는 고유한 문화 위치가 이들[카프카, 벤야민, 숄렘]에게 깊이 뿌리내려 있었지만, 또 이들은 실질적인 혹은 잠재적인 차이를 감지해 곤란함을 느끼고는 완연한 모더니스트가 되었다. 특히 언어의 측면에서 정체성이 분열되어 있다는 감각이, 형식적이고 주제적인 층위에서, 카프카 픽션의 몽상적이고 비유담에 가까우며 서사와 양식 면에서는 인습 파괴적인 요소들에, 유대 역사에서 일탈이 중심을 차지한다는 숄렘의 한결같은 주장 및 '심연'이라는 규정 아래 그가 시행한 수많은 연구에, 벤야민이 금언적으로 표현한 전통의 몰락과 경험의 퇴락이라는 시야 및 "역사의 폐기물"을 역사의 숨겨진 본성을 이해하는 열쇠로 이용하려는 그의 노력에 반영되어 있다.

언어의 역설들이 빚는 지독한 긴장을 겪으며 살아가고 쓰는 것이 모더니스트 행위의 특징이라면 글로 쓴 말written word의 형태들에 고유하게 초점을 맞추는 태도는 분명 유대적인 것 특유의 강조 방식일 것이다. 유대 전통은 무엇보다도 글로 쓴 말에 집중하고 또 그 말을 박리함으로써 저 자신을 영구히 유지한다. 문학적이고 고고학적인 증거는 글쓰기가 성서 시대의 초기면서 그 시대가 결정되던 시기까지 거슬러 올라간다고 시사한다. 탈무드는 '구전 토라'를 가리키지만 실제로는 글로 쓴[성문] 텍스트로 여겨지고 연구되며, 최종적으로는 특수한 조판 체제를 갖추어 언외적이고 부수적인 주석과 난외 주석이 텍스트를 감싸는 형태를 취하게 되었다. 시각 측면에서 이 전통은 도판은 최소한만 사용하지만 문자 장식은 넘치도록 집어넣으며 구텐베르크 이후에는 창의적인 조판법도 활용해 왔다. 우리의 세 작가 모두 문자로 기록된 것이 유대 전통에서 특별히 중요하다는 사실을 날카롭게 인식했고, 유대 전통과 대립하며 서쪽에서 동쪽을 향하는[왼쪽에서 오른쪽으로 쓰는] 기입 체계가 이들을 양육했기에 이 인식도 한층 깊어졌다. 세 사람 모두 글로 쓴 말이 정체성의 실마리요 아마 정체성 너머에 있는 의미라는 더 넓은 틀의 실마리기도 할 것이라는 가정을 공유했다. 학생이던 청년 시절 카발라주의적 언어론에 매혹된 숄렘은 히브리어 문자들의 조합과 순열을 통해 신을 향한 길로 이끌었던 신비주의 텍스트들을 샅샅이 읽었다(신지학적 지식 체계의 요소로 읽었든 황홀경에 이르는 가수假睡 상태를 유도하기 위한 장치로 읽었든 간에 말이다). 그리고 그가 초기에 편집한 카발라주의 텍스트 중 하나는 신비주의 알파벳이었다. 카프카와 벤야민은 각자 저만의 방식으로 알파벳의 현현에 이끌렸으나 이들의 꿈-시야에 등장한 로마자—온전하지 못한 J와 윗부분만 드러난 d—는 모호한 계시만을 주었다. 비록 꿈꾸던 벤야민은 문자라는 환상을 물질로, 정신을 육신으로 전환해 이 모호함을 극복했지만 말이다. 어쨌든 세 작가 모두 문자는 단어를 만들고 단어는 텍스트를 구성하며 텍스트는 지식의 1차 대상으로 상상된다고 생각했다. 그에 관해 사고하기를 멈출 때 결코 불가피하지 않은 가정. 소설가, 비평가, 역사가로서 이들 각자는 몹시 놀랍게도 자신에게 주해가라는 배역을 맡겼다. 하지만 세 사람의 문학적 기획과 관련해 텍스트의 강렬한 힘과 이에 따른 주해의 중심성은 합당한 주목을 요하는 주제다.

3장 ———— 텍스트의 힘

그 무엇도 한 텍스트를 예리하게 해석하는 일만큼 매력적이지는 않죠.

게르숌 숄렘이 발터 벤야민에게

1933년 9월 19일

『일방통행로』는 벤야민의 짧고도 기이한 명상들로 구성되어 있다. 그중 하나는 텍스트성과의 고유한 관계를 여실히 드러내주는데 이는 카프카 및 숄렘도 공유하던 관계였다. 세 사람 모두 벤야민이 읽은 클레의 〈새로운 천사Angelus Novus〉와 비슷했다. 역사의 바람이 모질게도 자신을 기원들의 에덴동산 밖으로 밀어 낸 상황에서 등 뒤에 남겨진 전통의 풍경을 돌아본 모더니스트였던 것이다. 벤야민의 명상은 대문자로 표기된 '중국산 진품들CHINAWAREN'이라는 제목을 달고 있다. 중국과의 연관 관계는 마지막 문장에 가서야 드러나지만 말이다. 첫 부분에서 그는 비유를 활용해 텍스트를 흡수하는 두 양식, 즉 전-기술적인 양식과 기술적인 양식을 교훈적으로 대비한다. "국도의 힘은 직접 걸어가는지 비행기를 타고 그 위를 날아가는지에 따라 달라진다. 마찬가지로 텍스트의 힘도 그것을 읽는지 베껴 쓰는지에 따라 달라진다." 이어지는 두 문장에서 벤야민은 보행자만이 변화하는 갖가지 풍경의 미세한 차이들을 순간순간 경험할 수 있다고 설명하며, 그런 다음 베껴 쓰는 사람과 읽는 사람의 대비를 적용해 이렇게 결론 내린다.

> 베껴 쓴 텍스트만이 텍스트에 몰두하는 사람의 영혼에 지시를 내린다. 반면 그냥 읽기만 하는 사람은 텍스트에, 즉 그 뒤가 영원히 닫힌 내면의 밀림 사이로 난 길에 열려 있는 자기 내적 자아의 새로운 측면들을 결코 발견하지 못한다. 왜냐하면 읽는 사람은 자유롭게 몽상을 펼치며 정신의 운동을 따라가는 데 반해 베껴 쓰는 사람은 텍스트의 지시에 복종하기 때문이다. 따라서 책을 베껴 쓰는 중국의 관습은 문자 문화의 비견할 데 없는 보증물이었으며, 필사[베껴 쓰기]는 중국의 수수께끼들을 이해하는 열쇠다.[1]

물론 베껴 쓰지 않고 [그냥] 읽기는 속도와 편리함 덕분에 언제나 흔한 선택지였다. 그런데 이 둘은 기술 혁신과 인쇄술 발명을 거치며 거의 보편적으로 분리되었다. 20세기 기술의 한 사례인 항공기는 풍경 위를 빠르고 편리하게 여행해 인간이 그 풍경을 거의 경험하지 못하게 하므로 필사 이후 독자의 적절한 비유를 형성한다. 카프카와 벤야민은 전-근대 문화의 상징이라는 중국의 이미지를 공유했으며, 아마도 중국이 필수적이고 전달 가

---

1 Walter Benjamin, *Reflections*, trans. Edmund Jephcott, New York, p.66 1986[『일방통행로·사유이미지』, 김영옥·윤미애·최성만 옮김, 길, 2007, 77쪽].

능한 지혜의 매개체일 것이라고 상상했다. 카프카와 벤야민 모두에게 중국은 유대교의 보편성에 대한 하나의 전위를, 두 사람이 간헐적으로 전유하고자 한 손과 한층 가까운 필사 문화를 나타낸다. 양피지에 대고 오른쪽에서 왼쪽으로 쓰는 이국적인 방식이 위에서 아래로 쓰는 더욱 이국적인 기입 양식으로 전위된 것이다. 이 성찰에서 벤야민이 주되게 가정하고 있는 바를 강조할 필요가 있다. 그 가정이란 텍스트는 독자에게 "자기[독자] 내적 자아의 새로운 측면들"을 계시할 힘을 보유하지만, 텍스트의 권위에 대한 복종이라고 솔직하게 묘사한 과정을 통해 독자가 가장 세심한 슬로모션으로 품위 있게 획을 그으며 텍스트를 온전히 소화할 때만 그러하다는 것이다. 독자 안에는 뒤엉킨 채로 막혀 있는 무언가가 있으니 글로 쓰인 텍스트가 이것을 열어젖힐 수 있다. 한 편지에서 카프카는 독자의 얼어붙은 내면을 깨는 도끼라는 한층 폭력적인 이미지로 이 열어젖힘을 묘사한 바 있으며,[2] 「유형지에서」에서는 소름 끼치게 배열된 바늘로 고발당한 사람의 몸에 죄목을 새기는 지옥 같은 장치를 고안해 저 과정에 대한 일종의 사악한 패러디를 창안하기도 했다.

필사라는 공들인 노동이 텍스트에 바치는 충성의 완벽한 모델이라면 세 작가 모두 텍스트와 더불어 내밀하게 살아가는 또 다른 전통 문화 특유의 양식—작가로서 이들 고유의 기획과 훨씬 더 긴밀했던—을 날카롭게 인식하고 있었다. 그 양식은 해석 interpretation이다. 정말이지 벤야민과 숄렘이 거듭 카프카를 향하

2 [옮긴이] 이는 오스카어 폴락에게 보낸 1904년 1월 27일 편지에서 사용한 표현이다. 『행복한 불행한 이에게: 카프카의 편지 1900-1924』(개정판), 서용좌 옮김, 솔, 2017, 67쪽.

도록 이끈 것은 현재의 쟁점인 해석 및 해석 가능성과 관련된 전통적인 범주들을 눈 하나 깜빡 않고 모더니즘적 관점에서 설정한 그의 천재성이었다. 그리고 바로 이 근본 측면 덕분에 그가 모방에 가장 격렬히 저항하는 작가로 여겨져 온 것이기도 하다. 많은 작가가 비유담과 환상을 활용하는 그의 방식을 흉내 내려 했다. 하지만 해석에서 관건이 되는 것에 그가 보인 섬뜩한 통찰을 보유하지 못할 때 그런 '카프카적' 픽션은 대개 억지스러우며 시선을 잡아끌지도 못하기 마련이다.

숄렘은 1974년의 바이에른 미술 아카데미 강연에서 단호한 태도로 카프카를 이 관점 아래 위치시켰다. 그는 독일 청중에게 일찍이 독일에서 이주한 이래 진정으로 읽은—말하자면 벤야민이 말한 베껴 쓰기 방식으로 읽은 혹은 한 명의 해석가로 읽은—"책", "정신적인 긴장 상태를 유지하고서 열린 마음으로 읽고 또 읽은" 책이 세 권밖에 안 된다고 설명했다. 그 세 텍스트는 히브리어 성서, 아라비아어로 쓰인 조하르, 마지막으로 독일어 작품 한 질 즉 프란츠 카프카 전집이다. 숄렘은 이 마지막 텍스트 무리가 앞의 두 텍스트와 고유하면서도 심원한 친화성을 드러낸다고 말하면서 이렇게 특징짓는다. "그가 쓴 글의 본질적인 부분들에는 일종의 정전성canonicity이 존재합니다. 달리 말해 이 부분들은 무한한 해석에 열려 있고 그중 다수, 특히 가장 인상적인 부분은 그 자체 해석 행위로 구성되어 있습니다."[3] 숄렘이 택한 세 유대 정전은 상이한 시기의 작품이며 성격도 각기 다른데 이는 우연이 아닐 것이다. 당연히 성서는 정신적 기원들의 순간

3 Gershom Scholem, *'Od Davar*, Tel Aviv, 1989, p.304.

에 서 있는 일련의 텍스트로 궁극적이고 넘쳐흐르는 원천이요 이후의 모든 세대가 권위 있는 계시로 여겨 강도 높게 해석한 작품이다. 포스트-성서 전통의 모든 주요 텍스트 중에서 조하르는 해석이 가장 대담한 극단을 향하도록 밀어붙이는 작품, 첫 계시의 권위를 독실하게 확증하는 가운데 가장 근본적인 재해석 가능성을 구성하는 작품이다. 유대인 모더니스트의 범례인 카프카는 해석의 효력에 근본적인 의문을 제기하며, 우리가 해석의 종착점에 와 있을지도 모른다는, 즉 계시가 영원히 우리에게서 멀어져 버렸을지도 모른다는 아찔한 가능성을 환기한다. 숄렘이 자기 정신적 세계들의 한계를 정의하려면 정전성의 이 세 사례 모두가 필요했다.[4] 해석을 강제하는 힘, 정전성의 주된 기준이라고 숄렘이 제시한 이 힘은 앞으로 보겠지만 전통에 대한 그의 사유를 좌우한 가정이다. 하지만 우선은 정전적인 것이라는 범주가 단순히 숄렘이 주해가exegete-독자 자격으로 카프카에게 부과한 무언가가 아니며, 카프카 스스로가 완전히 의식적으로 염두에 두었고 작품에서 [실현하기를] 열망했던 관념임을 확실히 이해할 필요가 있다.

카프카는 단편 「선고」를 자기 글쓰기의 돌파구로 여겼다. 그는 일기에서 자신이 이 작품을 관찰한 바를 언급했고 주석가들은 종종 이 관찰들이 작품의 해석을 안내한다며 인용하곤 했다. 여기서 나는 그 관찰들의 내용이 아니라 그것들이 표상하는 해석적 성찰 양식을 강조하고 싶다. 약 다섯 달 전 욤키푸르 밤에

---

4 숄렘이 정전적 텍스트를 선택한 배경에 관해 이 적절한 의견을 제안해 준 신시내티 히브리 유니언 대학의 마이클 A. 메이어 교수에게 감사의 말을 전한다.

앉은자리에서 신들린 듯이 집필한 「선고」의 교정쇄를 받아 읽어 본 것이 계기가 된 1913년 2월 11일 일기에서 카프카는 어떻게 "이 이야기가 실제 출산과 비슷하게 온갖 오물과 점액에 뒤덮여 내게서 나왔는지"를 기록한다. 출산이라는 은유는, 비록 다른 강한 함의들도 품고 있지만, 이야기 생산을 작가의 자유의지에서 잘라 내는 효과를 발휘한다. 이야기가 통제 불가능한 자연적 과정의 결과로 저에게서 빠져나온 이후 그는 그 이야기를 하나의 대상으로 삼아 자유분방하게 이리저리 살피며, 이 지점에서 출산 은유는 끝나고 검토 대상은 물리적이기보다는 정전적인 무언가로 심문된다. 특징적인 사례를 하나 골라 보자.

> 게오크르Georg는 프란츠Franz와 글자 수가 같다. 벤데만Bendemann의 '만'은 이야기의 모든, 하지만 아직은 예측할 수 없는 가능성을 제공하기 위해 '벤데'를 강화한다. 그런데 벤데는 카프카와 글자 수가 꼭 같으며 벤데의 모듬 에e와 카프카의 모음 아a는 자리가 같다.
> 프리다Frieda는 펠리체Felice와 글자 수가 같으며 첫 글자도 같다. 브란델펠트Brandelfeld는 바우어Bauer와 첫 글자가 같으며 '펠트'라는 단어는 바우어와 의미상으로도 연결된다[바우어는 '농부'를, 펠트는 '들판'을 뜻한다—지은이].[5]

---

5 Franz Fafka, *The Dairies*, *1910-1923*, ed. Max Brod, trans. Joseph Kresh & Martin Greenbert, New York, 1948-1949, p.215[『카프카의 일기』, 이유선·장혜순·오순희·목승숙 옮김, 솔, 2017, 408쪽].

이를 자기 정신분석보다는 특정 텍스트성 양식을 파악한 것으로 보면 더 흥미로울 듯하다. 텍스트의 모든 세목과 모든 언어 요소가 해석가가 오직 짐작하기 시작할 수만 있는—텍스트가 그"에게서 나온" 것일 때조차—숨겨진 의미들의 표지다. 텍스트의 문자 구성은 다면적인 권위를 지닌다. 발음상의 유사성, 글자 수와 위치, 어휘들의 의미론적 연상 작용, 이 모두가 각각 제 의의를 지니는 것이다. 여기서 카프카는 노타리콘notarikon(단어들을 여러 문장의 아크로스틱acrostic으로 해석하는)이나 게마트리아gematria(단어를 구성하는 글자들의 수적 가치를 참고해 단어들을 연결하는) 같은 전통적인 히브리 주해 양식들과 한 발짝만 떨어져 있을 따름이다.

말년에 접어든 1922년 1월 16일 일기에서 카프카는 글을 통해 성스러운 글[성서]—주해에 적합한 주제—을 새로이 창조하고픈 열망을 품어 왔다고 극히 대담하게 인정한다. [하지만] 그의 표현은 모호하기만 한데 사적인 노트에서조차 누설하기 망설여지는 궁극적 비밀을 건드리고 있다고 느꼈기 때문일지도 모르겠다. 글쓰기 때문에 끔찍한 고립을 느꼈고 글쓰기가 광기 근처까지 자신을 몰아댔다고 말한 뒤 그는 글쓰기에 이용해 온 이미지를 "추구"에서 "공격"으로 바꾸며, 이 공격이 "아래에서, 인간이 개시한 것"이며 또한 아마도 "위에서, 위에서 나를 겨냥한 것"이리라고 상상한다(이 후자의 대안은 글쓰기 행위를 자유의지와 분리하는 또 하나의 방법이며 여기서는 글쓰기가 어떻게든 "위에서" 계시될 수도 있음을 암시한다). 그는 성찰을 다음과 같이 결론 맺는다. "그런 글쓰기는 모두 경계들에 대한 공격이다. 시온주의가 개입하지 않았다면 이런 글쓰기는 쉽게 하나의 새로운 비밀 교리로, 즉 카발라로 발전했으리라. 그에 대한 단초들이 존재한다. 비록 이 글쓰기가 상상 불가능한 종류의 천재성을 요구하지만 말이다. [천재성이 필요한 이유는] 뿌리를 오래전 세기들에 새로이 심고 저 자신을 소모하지는 않으면서 꽃을 피우기 위해서다."

시온주의의 개입이라는 언급이 특히 당혹스럽다. 내가 보기에 가장 그럴듯한 해석은 다음과 같다. 지금 여기의 정치적인 것 영역에서 유대인인 자신의 소명을 실현할 단순한 가능성이 어떻게든 카프카로 하여금 초월적인 것이라는 불가지 영역으로 이어지는 다리를 말로 짓는 덜 가능한 과업에 변함없이 헌신하는 것(그의 선조들이 한 일)을 피하도록 만들었다. 절대적인 것으로의 집중은 총체적이어야 하며, 정치라는 상대적인 영역에 잠깐이라도 한눈판다면 그것을 초점에서 놓칠 수 있다는 식인 것이다.

이 모든 것에서 고유한 것, 그리고 이렇게 말할 수 있다면 고유하게 유대적인 것은 카프카가 진리를 텍스트화한다는 사실이다. 그리스인도 나름의 정교한 텍스트 전통을 보유했지만 이들은 질서에 맞추어 사물들을 서로 다르게 배열하면서 현실을 경험적으로 조사할 개념적 수단들을 만들어 냈다(이 조사는 순수 과학이라는 위대한 기획이, 또 시간이 흐른 뒤에는 서구 테크놀로지의 모체가 되었다). 계시가 자신의 출발점이라고 믿는 히브리 지향의 뚜렷한 강점이자 극심한 한계는 주변 세계가 아니라 텍스트에서 모든 것을 끌어내고자 전념한다는 점이었다. 미슈나 아보트에 등장하는 벤 바그-바그의 유명한 정식 "[성서를] 넘기고 또 넘겨라, 거기에 모든 것이 있으니"처럼 말이다.[6] 이는 숄렘이 일생 동안 작용을 연구한 원리요 종종 벤야민을 사로잡았고 카프카가 자신의 정수로 흡수한 원리다.

진리의 텍스트화를 가장 계시적으로 표현한 것 중 하나는 글Scripture[성서]에 대한 그의 역설적인 성찰들이다. 글쓰기의 이 지점에서 카프카는 주해가가 되며, 일부 사례에서는 (가장 쉽게 인식할 수 있는 의미에서) 미드라시 해석가가 된다. 매우 간략한 이 산문들이 카프카가 거둔 주된 성취라고 말하기는 어렵겠지만 이것들은 그가 구축한 픽션 세계의 고유한 작용을 이해하는 특정한 열쇠를 쥐여 준다. 아브라함 형상에 관한 카프카의 별난 명상—벤야민이 경외감을 표하며 그의 글쓰기 이 순간을 언급한 바 있는—을 고찰해 보자. 그는 「창세기」 22장에 등장하는 아브라함, 신의 잔혹한 부름에 응답해 사랑하는 외동아들을 희생 제물로 바치고자 함으로써 믿음의 추문을 상연한 아브라함을 상상하고자 시도한다. 분명 그 배경에는 몹시 그리스도교적인 키르케고르의 읽기가 있다. 이 성서 이야기는 인간의 일상적 삶을 무시무시하게 위반하고 있는데, 평범한 실존 상태에 처해 내버려진 처지였고 초월 영역이 불가능하게 제거된 이후에 그 영역에 이르고자 노력한 카프카는 이 위반을 배경으로 일련의 대항 아브라함을 떠올린다. "저는 저 자신을 위해 또 다른 아브라함을 생각했습니다. 그는 분명 족장이 될 수 없었을 테고 심지어는

---

6 [옮긴이] 미슈나 아보트는 고대 현자들의 격언을 모은 책으로 윤리와 도덕 원칙이 주로 담겨 있다고 한다. 벤 바그-바그는 랍비며 그의 정식은 미슈나 아보트 5장 말미에 나온다. 이 장 후반부에 다루는 숄렘의 「유대교의 종교 범주로서 계시와 전통」에서도 이 정식이 언급된다.

헌옷 장수조차도 되지 못했을 겁니다. 그는 웨이터처럼 신속하게 희생하라는 [신의] 명령을 따를 준비가 되어 있었지만 다만 집을 떠날 수가 없어 그렇게 하지 못했을 뿐입니다. 집에 그가 필요했으니까요." 그런 다음 그는 다른 아브라함들—"아들이 없는데도 아들을 제물로 바쳐야 했던" 아브라함을 포함해—을 상상한다. 카프카는 성서적 외경畏敬의 중심부에서 그로테스크를 발견한다. "이것들은 불가능한 일이고 사라가 웃은 것도 당연합니다." 이어 집을 짓고 멀리 있는 산을 쳐다보지 않으려 노력하는 다른 가설적인 아브라함들을 간단히 언급한 뒤 그는 가장 심오하며 가장 자신다운 판본의 아브라함을 설명한다.

> 그러나 또 다른 아브라함을 생각해 봅시다. 기꺼이 전적으로 희생하려 했고 이를 처음부터 끝까지 제대로 직감하고 있었지만 다만 자신을 부른 것이 맞는지, 그러니까 추하게 늙은 노인과 꾀죄죄한 아들이 [신께] 부름받은 것이 정말인지 믿을 수 없었던 아브라함 말이죠. 그에게 참된 신앙이 없었던 것은 아니에요. 그에게는 신앙이 있었어요. 만약 자신을 부른 것이라고 정말로 믿을 수만 있었다면 그는 제대로 절차를 갖춰 희생제의를 올렸을 겁니다. 그는 아브라함으로서 아들과 함께 말을 타고 길을 떠났다가 도중에 돈 키호테로 변하는 것은 아닐지 두려워했어요. 그때 세상이 아브라함을 목격했다면 아마 무서워 벌벌 떨었을 겁니다. 하지만 이자는 세상이 제 모습을 보고는 배꼽이 빠져라 웃지는 않을지 두려워했죠.[7]

7 Kafka, *Parables and Paradoxes*, ed. N. N. Glatzer, New York, 1961, pp.43-

분명 카프카는 성서 텍스트를 다루면서 때때로 이 텍스트를 전복한다. 예를 들어 그가 구상한 다른 판본의 바벨탑들, 전도된 열망의 소극("일정한 진전이 있었음에 틀림없다") 와중에 사람들이 탑을 짓는 것이 아니라 구덩이를 파거나 싸움을 벌이는 「바벨 구덩이Der Schacht von Babel」를 포함하는 바벨탑들이 그렇다. 하지만 여러 비평가가 그러듯 우리 시대의 문학 용어를 사용해 카프카가 신학 텍스트를 '탈구축'하고 있다고 말하는 것은 부정확하다. 반대로 성서의 텍스트 구조가 카프카의 상상을 강제하고 있으며, 그는 이 텍스트 주변을 돌아다니면서 자신을 위해 그리로 들어갈 특이한 뒷문을 찾으려 한다. 아니면 벤야민의 은유를 활용해 이 뒷문이 자기 내면의 밀림에 이르는 길이 되는 방법들을 카프카가 찾으려 한다고 말할 수도 있겠다. 당연히 「창세기」 22장에는 우스운 면이 전혀 없지만 카프카는 지극히 옳게도 배경 이야기에 웃음이 슬쩍 등장했다 사라지기를 반복한다고 지적한다("사라가 웃은 것도 당연합니다"). 처음에 사라는 아이를 낳게 해 주리라는 약속을 믿지 않으며 웃었다.[8] 그런 다음 「창세

45[『행복한 불행한 이에게』, 610-612쪽]. [옮긴이] 카프카의 『비유담과 역설』은 그의 노트, 일기, 단편, 편지 등에서 종교적이거나 신화적인 이야기를 골라 낸 저작으로, 나훔 노르베르트 글라처가 편집을 맡았고 독일어-영어 이중 언어로 구성되어 있다. 참고로 지은이가 인용하고 있는 아브라함 이야기는 특정 작품이 아니라 로베르트 클롭슈토크에게 보낸 1921년 6월 편지의 일부다. 이처럼 『비유담과 역설』이 인용되는 경우 되도록 한국어판 전집의 해당 부분 서지 정보를 함께 적어 주었지만, 그와 별개로 『비유에 대하여』(김성화 옮김, 아름다운 날, 2016)라는 번역서가 『비유담과 역설』과 차례 구성이 매우 유사함을 참고삼아 언급해 둔다.

8 [옮긴이] 이는 「창세기」 18장 12절 내용이다. "그러므로 사라는 '나는 기력이 다 쇠진하였고, 나의 남편도 늙었는데, 어찌 나에게 그런 즐거운 일이 있으

기」 21장에 가서는 이삭('웃는 그'라는 뜻)을 낳은 후 이렇게 말한다. "하느님이 내게 웃음을 주셨구나. 듣는 사람마다 나와 함께 웃겠지[혹은 "나를 위해"나 "나를 보며". 히브리어 전치사는 애매모호함의 심연이다—지은이]." 신은 아흔 먹은 여성이 모성의 기쁨을 누리도록 허락했다. 하지만 이 이야기가 택한 단어들은 신의 선물이 부조리 상태로의 환원을 수반하며 깜짝 놀란 세상의 눈에는 그 선물이 조소의 대상으로 비칠지도 모른다고 시사한다. 주해가로서 카프카의 대담한 통찰은 신의 관심이 초래한 부조리한 결과들이 이삭의 포박 자체로 이전될 수도 있음을 파악했다는 것이다. 여기서 희생의 대상인 꾀죄죄한 소년der schumtzige Junge은 어느 이디시 농담에 나오는 인물을 어렴풋이 연상시킨다. 카프카가 앞부분에서 언급한 판본들에 등장하는 것과는 다른 이 아브라함, 속세라는 진창에 빠져 있는 아브라함은 신앙이 있지만 신이 저에게 말을 걸었다고address 믿을 자신감은 없으며, 신앙의 추문을 실행하려 시도했다가 웃음거리만 될까 봐 두려워한다. 명석하게도 카프카는 아브라함의 두려움이란 자신이 돈키호테—근대 회의주의가 창조한 인물로 끊임없이 출몰하는 원형, 열정적이고 이상주의적인 신앙을 품고서 한낱 키메라들에게 시선을 고정했으며 그리하여 무익함과 소극이라는 도착지에 이를 운명이었던 남자—로 바뀔지도 모른다는 불안이라고 정의한다.

유대 신학의 희극적 측면이 카프카를 이해하는 열쇠를 제공할지도 모른다는 벤야민의 제안이 여기서 아름답게 들어맞는

라!' 하고, 속으로 웃으면서 중얼거렸다."

다. 카프카의 의도는 「바벨 구덩이」에서와 달리 텍스트가 머리로 서게 만드는 것이 아니다. 앞서 말했듯 당혹감을 안기지만 피할 수는 없는 권위를 가지고서 자신에게 말 거는 텍스트에 진입할 방법을 찾는 것이다. 이 목적을 달성하고자 그가 택한 절차는 현저하게 미드라시적이다. 그 절차의 표면적 기호는 서사적 표현 양식의 동시대성과 구체성—헌옷 상인조차 되지 못했고 꾀죄죄한 소년을 아들로 둔 추하게 나이 든 노인 아브라함, 그리고 위의 인용문에 이어 나오는 미드라시적 마샬mashal 곧 비유담에서는 상을 자신에게 준다고 잘못 이해해 맨 뒷줄에 있는 지저분한 책상에서 일어난 성적이 제일 나쁜 학생—이다. [반면] 온전히 미드라시적인 이 절차의 내적인 힘은 성서 텍스트의 숨겨진 측면들을 드러내면서 [현대 독자와] 멀리 떨어져 있고 어떤 면에서는 낯선 그 텍스트의 세계와 현대 독자의 세계를 잇는 유의미한 연결 고리를 창조한다는 것이다. 성서의 설명에서는 천상과 지상의 주에게 복종한다는 소명에 대한 아브라함의 확신이 결코 질문의 대상이 되지 않으며 그의 정신적 위엄dignity도 결코 의심받지 않는다. 다소 꼴사나운 거짓말쟁이로 그려진 두 번의 누이-부인 일화를 예외로 친다면 말이다.[9] 하지만 그의 곁에 있는 나이 든 사라에게 부여된 웃는다는 특징, 웃음거리가 된다는 특징은 삶이 신의 불가해한 목적들과 얽히는 이들이 특정한 수모indignity를 겪을 수도 있음을 시사한다. 결코 스스로를 믿을 수 없었던 절반의 신자 혹은 신자 지망생이었던 카프카가 텍스트

9 [옮긴이] 「창세기」 12장과 20장에서 아브라함은 사람들이 자신을 죽이고 부인 사라를 빼앗을 것을 염려해 사라가 제 누이라고 거짓말한다.

에 표현된 정신적 딜레마들에 그 자신이 진입할 지점으로 포착한 것이 바로 저 수모들이다.

그가 파악한 바를 신학적 원리로 정식화한다면 이런 식이 되리라. 보잘것없는 인간적인 것의 영역으로 초월적인 것이 난입—"위에서 겨냥한 공격"—할 때마다 근본적인 불일치들이, 인간 주체가 자신의 보잘것없음을 의식할 때 절실히 인식하게 되는 불일치들이 만들어진다고. 그리하여 창조주와 피조물의 마주침은 거듭 어떤 희극적인 잠재력을 내보이니, 이 잠재력은 있음직하지 않은 방식으로 내려진 은총의 희극(부조리한 상황에 처해 웃고 행복해하는 나이 든 사라)부터 잔혹한 소극(예정자 요셉은 보디발의 부인이 탐욕스럽게 옷을 붙잡자 옷을 버리고 집 밖으로 달아난다.[10] 이는 카프카가 『아메리카』에서 세심하게 모방한 장면이기도 하다)에 이르는 범위를 아우를지도 모른다.

카프카 장편 특유의 천재성은 서사적 창안을 주해와 결합하면서 픽션을 그[픽션] 고유의 당혹스러운 의미들에 대한 끝없는 사색으로 만든다는 것이다. 사색 노력의 부조리함에 처해 거듭 당혹스러워하는 주인공을 등장시킴으로써 말이다. 카프카는 주해를 보편적이고 배타적인 인지 양식으로 승격시키는 동시에 패러디하며, 그 과정에서 그것이 계시된 진리 안에 조금이라도 토대를 두고 있는지 의심을 제기한다. 잘 알려진 『소송』 첫 문장은 하나의 가정을 진술한다. "누군가가 요제프 K를 모함한 게 틀림없다. 나쁜 짓을 한 적이 없는데도 어느 날 아침 체포되었으니 말이다." 비평가 스탠리 콘골드는 "서사는 플롯상의 첫 사건

10 [옮긴이] 이 일화는 「창세기」 39장에 나온다.

이 아니라 사건에 대한 첫 해석으로 시작한다"며 이 문장을 엄밀하게 올바른 관점 안에 위치시킨다.[11] 카프카의 세 장편[『아메리카』, 『소송』, 『성』] 모두에서 사건은 해석을 보조한다. 이 작품들이 그토록 불안감을 자아내는 것도 이 때문이며, 또 위협적인 순간에도 어쩐지 종종 웃긴 것 역시 이 때문이다.

세 장편 중 마지막 소설인 『성』은 주해로 가득 차 있는, 그리고 아마도 주해 탓에 부식되어 있을 한 세계를 보여 주는 가장 강렬한 사례다. 첫머리에서 K는 여관에 도착한 직후 슈바르처라는 젊은 남자가 성과 전화로 통화하면서 자신을 토지 측량사—그가 확립하고자 한 바로 그 정체성—로 지칭하는 내용을 엿듣는다. 이 용어가 사용되는 순간부터 그는 어지러운 주해적 소용돌이에 말려든다.

> K는 귀를 쫑긋했다. 성에서 그를 토지 측량사로 인정했던 것이다. 한편으로 이는 그에게 불리했다. 성에서 그에 관해 필요한 것을 다 알고 세력 관계를 저울질해 보고선 웃으며 싸움을 받아 준 셈이었기 때문이다. 하지만 다른 한편으로는 그에게 매우 유리했다. 그의 해석이 옳다면 성에서 그를 과소평가했고 그 덕분에 자신이 바란 것 이상으로 행동의 자유를 확보한 셈이었기 때문이다. 더군다나 그가 측량사임을 인정해 저희의 드높은 우월함으로 그에게 겁을 주었기를 기대했다면 이는 오산이었다. 이 때문에 그의 피부가 약간 곤두서기는 했지만 그걸로 끝이었으니 말이다.[12]

11 Stanley Corngold, *Franz Kafka: The Necessity of Form*, Ithaca, 1988, p.233.

최근의 비평은 카프카 픽션 세계에서 체험 화법erlebte Rede[자유 간접 화법][13] 혹은 서사된 독백이라는 서사 기법이 차지하는 중요성을 적절히 강조해 왔다. 주해적 현실을 환기하는 데서 이것이 발휘하는 유용성이 가장 중요하다. 여기서 3인칭 화자의 문법적·시간적 관점을 주인공의 마음속 말과 엮는 이 기법은 등장인물 K의 의심하는 주관성에 의해 끊임없이 약해지는 어떤 권위적 시각의 기초적인 외관을 우리에게 보여 주고는 언어적 단서를 하나 확보해 결코 확실하지 않은 추론("성에서 그를 인정했던 것이다")으로 도약한 다음 모순되는 대안들("한편으로", "다른 한편으로는")을 저울질하는 특유의 방식으로 나아간다. 사실상 탈무드적인 이 절차에서 추정들의 검토—생애 말미에 이른 이 시기 카프카는 실제로 탈무드에 대한 예비적인 지식을 보유하고 있었다—는 가정법의 두드러짐과 명시적 진술에 의해, 즉 "그의 해석이 옳다면"에 의해 강조된다. 이 문단을 실례로 선택한 까닭은 주해 과정의 작용을 특별히 또렷하게 드러내 주기 때문이다. 하지만 이 과정은 『성』 전체에 걸쳐 집요하게 지속되며, 이 초반부 문단과 유사한 부분이 수백 개에 달한다. 여기서처럼 K는 사실상의 구두 텍스트(엿들은 일부 전화 통화 내용, 글로 적은 노트, 소문)를 허다하게 따져 묻는다. 다른 부분에서는 행동, 제스

---

12 Kafka, *The Castle*, trans. Willa Muir & Edwin Muir, New York, 1969, pp. 7-8[『성』(개정판), 오용록 옮김, 솔, 2017, 13쪽].

13 [옮긴이] 서사 양식 장치 중 하나로 직접 화법과 간법 화법, 독백과 묘사를 섞은 화법이다. 한 인물의 생각을 3인칭 화자가 직접 표현하는 방식을 취한다. 카프카의 체험 화법을 논한 다른 한국어 문헌으로는 게르하르트 노이만, 「서술 전략으로서의 메타 서사」, 『실패한 시작과 열린 결말/프란츠 카프카의 시적 인류학』, 신동화 옮김, 에디투스, 2017, 91~104쪽을 참조하라.

처 혹은 불완전한 시각 정보(작은 구멍으로 언뜻 본 이미지, 너울대며 장막을 이루는 안개와 눈과 어둠 너머 저 멀리 어렴풋이 솟은 성 자체의 모습 혹은 신기루)가 불안하며 아마 몹시 제멋대로일 해석의 대상이 된다.

이 모든 주해 활동은 서사된 독백에서 대화로 끊임없이 번진다. 마르테 로베르가 절묘하게 논했듯 정말이지 『성』이 유럽 소설 전통의 원형적인 요약이라면[14] 이 소설이 전통에서 벗어나는 가장 놀라운 방법은 대화 활용을 근본적으로 변형하는 데 있다. 리얼리즘 소설에서 대화는 무엇보다도 개별성을 동역학적으로 드러내며, 뚜렷이 개별적인 현존들이 공유된 사회·문화 체계라는 규정적 맥락 속에서 서로에게 작용하고 반응하며 영향을 미치는 방식을 재현한다. 카프카의 작품에 공유된 체계 따위는 없으며 중심인물들은 개인이 아니라 고립자다. 리얼리즘적 대화에서 볼 수 있는 개별 인격들의 상호작용은 해석 관점들의 충돌로 대체된다. 그의 등장인물들, 특히 『성』의 인물들은 사태 혹은 실재하는 텍스트가 뜻하는 바를 두고 거듭 가설을 내세우거나 주고받는다. 이는 정교하게 논증된 추측으로 이루어진 세계요 추측들이 틀렸다는 의심이 끊임없이 드리우는 세계다. "'당신은 모든 걸' 여주인이 말했다, '침묵까지 꼬아 생각하는군요.'"[15] 형식 면에서 대화는 많은 경우 신속한 의견 교환이 아니라 대화자들이 몇 쪽에 걸쳐 질질 끌며 논변을 펼치는 긴 논고로 역할한다.

---

14 Marthe Robert, *The Old and the New: From Don Quixote to Kafka*, trans. Carol Cosman, Berkeley, 1976.

15 Kafka, *The Castle*, p.105[『성』, 99쪽].

따라서 바르나바스와 성의 관계를 두고 올가가 세운 논고 같은 가정을 들은 뒤 K는 자신의 해석을 정교하게 가공하기 전에 올가의 해석에 찬동한다. "'여기서 결정적인 말을 하는군. …… 바로 그거야. 당신이 이야기한 게 이제 다 분명하게 모이는 것 같아. 바르나바스는 이 임무를 맡기에 너무 어려. 그가 얘기한 건 어떤 것도 곧이곧대로 진지하게 받아들일 수 없어.'"[16] 이 마지막 말이 시사하듯 카프카의 세계에서 주해는 하나의 용제solvent로 기능하며, 인식에 대한 접근을 약속하는 듯이 보일 때("여기서 결정적인 말을 하는군")조차 인식의 토대를 꾸준히 침식한다. 주해가 그 영도에 도달한다고 볼 수 있는 범례적인 순간은 K와 면장이 의견을 나누는 부분이다. 면장은 성의 국장인 클람이 쓴 편지의 한정된 의미에 대한 자기 이론을 상세히 설명한다. 이 편지가 관청의 공문서가 아니라 "개인 편지일 뿐"이라는 것이다. 그와는 의제가 다른 주해가인 K는 이 추론에 몹시 격분한다. "'면장님 …… 편지를 그리도 훌륭하게 해석하시니 백지에 서명만 댕강 남는군요.'"[17]

부조리함을, 웃는 특징risibility을, 호모 시그니피칸스 즉 의미를 만드는 동물의 필사적인 집요함을 카프카만큼 기민하게 통찰한 소설가는 없었다. 유대 문화에 텍스트성이 두드러진다는 인식이 이 중심 통찰에 매우 크게 기여했음이 분명하다. 그의 픽션은 두 가지 희극적 가능성 — 하나는 신학적이며 다른 하나는 니힐리즘적인 — 사이를 오간다. 검토되는 텍스트가 실제로 기

16 Ibid., pp.238-239[같은 책, 214쪽].

17 Ibid., p.92[같은 책, 88쪽].

원상 신적이라면 [대문자] 발신자Addresser와 [소문자] 수신자addressee 사이에는 추문적인 틈이 생기며 텍스트 수신 행동은 필연적으로 하나의 부조리가 된다. 아마도 생산적인 부조리, [삶의 유지에] 필수적인 정신적 자양분을 제공하는 부조리겠지만. 만약 텍스트가 해석가와 똑같이 세속의 무상함이라는 불확실한 토대 위에 서 있으며 변덕스러운 피조물이 단번에 써 내려간 단어들로 구성된 분별없는 종이쪽에 불과하다면 해석의 모든 동력은 요령부득인 수수께끼들의 무한 퇴행 혹은 빈 페이지의 귀류법만을 발견하게 될 것이다. 이 두 가능성은 벤야민이 카프카에게서 볼 수 있는 "지혜의 퇴락"의 두 산물이라고 이해한 것에 상응하며, 나는 카프카가 첫째 가능성—벤야민이 "신빙성이 떨어지고 시대에 뒤떨어진 것에 대해 이야기하는 일종의 신학적 낭설"이라고 묘사한—에 아주 낙관적이지는 않았다는 벤야민의 추정이 옳다고 생각한다. 벤야민의 정식에서 둘째 가능성은 우리를 "어리석음"으로, 지혜의 내적 본질을 결여하고 있으나 확신에 찬 제 제스처들은 영속화하는 상태로 이끌며, 이렇게 말할 수 있다면 우리에게 아브라함을 돈 키호테로, 모세를 찰리 채플린으로 돌려준다.[18]

카프카가 해석이라는 정신적 문제틀에 기반해 하나의 전체 픽션 세계를 정초하면서 그 세계의 필연성과 잠재적 부조리함

---

18 Benjamin, *Illuminations*, trans. Harry Zone, New York, 1968, p. 144. [옮긴이] 이는 지은이가 1장에서 '논고-편지'라고 부른 1938년 6월 12일 편지에서 벤야민이 논한 내용이다. 「좌절한 자의 순수성과 아름다움: 카프카에 관한 몇 가지 고찰」, 『발터 벤야민의 문예 이론』, 반성완 편역, 민음사, 1983, 100쪽. 또 이 책 1장 48쪽도 보라.

을 동시에 노출했다면, 벤야민은 해석[의 문제적인 성격]을 알면서도 해석이라는 이상을 향한 일종의 향수를 전시한다. 『일방통행로』에서 그는 이렇게 언급한다. "주석Kommentar과 번역이 텍스트와 맺는 관계는 양식과 미메시스가 자연과 맺는 관계와 같다. 다른 측면에서 고찰된 동일한 현상인 것이다. 주석과 번역 둘 모두 성스러운 텍스트라는 나무에서는 영원히 살랑이는 잎사귀일 뿐이고 세속의 텍스트라는 나무에서는 제철에 떨어지는 열매다."[19] 여기서 다시 한번 벤야민의 직유 선택은 그가 사물을 이해하는 방식을 교훈적으로 알려 준다. 그는 텍스트와 자연의 멋진 상응 관계를 상상할 준비가 되어 있다. 그리고 앞서 내가 제안했듯 이것들을 각각 히브리 정신과 그리스 정신의 전형적인 관심 대상으로 이해할 수도 있다(이 두 항을 벤야민에게 가장 중요했던 두 작가와의 관계에 대입해 보면 카프카는 주석을 통한 텍스트와의 결합을 픽션에서 가장 포괄적으로 실행한 인물이며 더없는 양식주의자이자 미메시스의 달인인 프루스트는 눈부시게 '자연'—도덕적 행동, 사회 제도라는 외피를 두른 인간, 의식의 미묘한 흐름, 그리고 또한 자연세계—을 망라한다). 적어도 여기서 벤야민은 주석되거나 번역된 단어와 원텍스트가 유기적으로 접속할 가능성을 확신에 차서 상상하고 있다. 주석은 시간을 초월한 적절성을 지닌 성스러운 텍스트와의 관계에서 늘 푸른 나뭇잎이요 영원의 나무(그 자체로 하나의 카발라적 이미지인)의 살아 있는 연장이지만, 세속적인 텍스트와의 관계에서조차 열매를 맺는다는 것이다. 나무와 잎사귀라는 이미지는 또 주석의 2차적 지위를 강조하지만 이는 건강

19 Benjamin, *Reflections*, p.68[『일방통행로·사유이미지』, 80쪽].

하고 생산적인 2차성이다.

벤야민이 주해와 맺은 관계에서 기이한 점은 그가 그것을 사변했고 글쓰기와 인식의 이상으로 숙고했지만 결국 실천하는 데까지 이르지는 않았다는 것이다. 카프카, 프루스트, 보들레르, 크라우스를 대상으로 쓴 비범한 논고 및 바로크 비애극을 주제로 삼은 장편 연구에는 인용문이 풍부하게 등장한다. 하지만 이 텍스트들은 대부분 주석을 통한 설명보다는 형이상학적 사변이나 역사적 일반화의 예증에 이용된다. 실질적인 주해를 삼간 그는 그것에 궁극적인 토대를 부여할 수 있는 언어 모체를 깊이 고심했다. 벤야민은 성스럽든 세속적이든 상관없이 모든 텍스트의 단어들이 하나의 우주적 원언어로 돌아갈 수 있다는 발상에 매료되었고 이 관념은 결코 초기의 강도 높은 형이상학적 숙고에만 한정되지 않았다. 카를 크라우스에 관해 쓴 1931년—맑스주의로 넘어가는 과정의 정확히 중간 단계였던—논고에서 그는 인용에 결부된 담론들의 상호 침투 안에서야 언어가 완전해진다는 기이하지만 주목을 요하는 발상을 제시한다. "모든 단어를 의미의 목가적 맥락에서 깨워 창조의 책의 모토가 되게 만든 천사들의 방언이 인용 속에서 아른거리고 있다."[20]

당연히 '창조의 책'은 대다수 유럽 언어에서 오래된 그리스도교적 상투어로 쓰이는 표현이다. 하지만 벤야민이 숄렘을 통해 알게 되었음이 분명한 이 문구는 고전 카발라 텍스트인 『세페르 예치라*Sefer Yetsirah*』의 정확한 번역이기도 하다. 편지와 자전적인

---

20 Ibid., p.269[「카를 크라우스」, 『서사·기억·비평의 자리』, 최성만 옮김, 길, 2012, 341쪽].

글을 포함해 벤야민의 저술을 세밀하게 검토해 보면 그가 주석가라는 소명을 실행한 적이 사실 한 번도 없지 않느냐고 의심하게 된다. 이 소명이 그의 정신 안에서 일종의 사적인 메시아주의 전망과 결합된 것 같기 때문이다. "유대 전통의 히브리어 텍스트들"에 대한 주석이 벤야민에게는 "일종의 유토피아적 소실점"을 표상한다고 관찰했을 때 숄렘도 이와 거의 비슷하게 판단했다.[21] 다시 말해 벤야민은 참된 주석이란 세속 텍스트보다는 성스러운 텍스트에 집중하는 것이며, 적절한 범례가 카발라주의적 해석이나 중세의 히브리 주석이라고 생각했다. 1927년 파리에서 숄렘과 함께 유다 마그네스를 만났을 때 히브리어를 숙달한 다음 히브리 텍스트 주석으로 자신의 재능을 온전히 실현하고 싶다며 열변을 토한 것도 이 때문이다.[22] 그럼에도 앞서 살핀 여러 이유로 이는 벤야민이 자신의 지친 정신을 달래고자 활용한 매혹적인 전망이었을 뿐 성취하겠다고 마음속 깊이 다짐한 목표는 아니었다.

벤야민에게 주석이라는 문화적·정신적 과업은 과거를 파악하고 과거와의 살아 있는 연결을 수립하는 우리의 인간적 역량이라는 긴요한 문제와 깊이 관련되어 있었다. 정말이지 이것이야말로 그와 숄렘의 전체 경력에 영향력을 행사한 중심 문제였다. 이는 또 카프카의 암묵적인 관심사였으며 그의 픽션이 확고

21 Scholem, *Walter Benjamin: The Story of a Friendship*, trans. Harry Zone, Philadelphia, 1981, pp. 124-125[『한 우정의 역사: 발터 벤야민을 추억하며』, 최성만 옮김, 한길사, 2002, 226쪽].

22 [옮긴이] 이 일화는 『한 우정의 역사』, 244-251쪽에 나오며, 이 책 2장 80쪽에서도 벤야민이 마그네스와 만난 일화를 언급하고 있다.

한 전통의 붕괴를 최종적으로 재현한다고 이해할 수도 있다. 그렇지만 그는 장편과 단편에서 해석 문제를 역사의 맥락으로부터 제거했으며, 인간이 다의적인 전언message의 미로에 갇혀 이 전언들을 해독하도록 강제당한다는 무시간적 이미지를 제시했다. 벤야민에게 주해와 텍스트, 현재와 과거의 대면은 현재의 관점에서 파편들을 지각하는 것과 전통 텍스트의 원생산자와 원이용자가 통합된 전체성을 이룬다고 상정하는 것이 빚는 긴장 때문에 심히 복잡해진다. 독일 바로크를 다룬 책에서 그는 매혹적인—특히 앞서 살핀 알파벳과 이국적 문자에 대한 의식이라는 측면에서—제안을 건넨다. 성스러운 텍스트는 상형문자들에서, 말하자면 통합된 전체를 이룬다고 시각적으로 파악되는 도해적 복합체들에서 이상적인 형식을 수립한다는 것이다.[23] 다른 한편으로 우리가 거주하는 문화적·역사적 현실에서는 모든 경험이 이런저런 지스러기로 축소되며 정신적 지평은 알파벳을 이용해 텍스트를 개별 문자들의 복합체로 만드는 알파벳 표기체계에 의해 고정된다. 나아가 파편들로 구성된 우리 세계는 의식에 의해 자연[법칙]화되지 않으며, 불만, 위기, 소외, 근본적인 방향 감각 상실로 지각된다(이 생각은 보들레르, 프루스트, 카프카, 초현실주의를 다룬 그의 논고들에 다양하게 담겨 있다). 그렇다면 어떻게 해야 과거를 받아들일 수 있고 성스러운 과거 텍스트들의 전체성을 주석할 수 있을까? 비애극 연구의 「인식-비판적 서설」에서 벤야민은 현대인이 과거를 가지고 부득불 할 수밖에 없

23 Benjamin, *The Origin of German Tragic Drama*, trans. John Osborne, London, 1977, p.175[『독일 비애극의 원천』, 최성만·김유동 옮김, 한길사, 2008, 261쪽; 『독일 비애극의 원천』, 조만영 옮김, 새물결, 2008, 229쪽].

는 일의 이미지를 제시하니 이는 뇌리를 사로잡으면서도 비관적이다. "열병을 앓는 환자가 제가 듣는 모든 말을 망상적인 소망 이미지로 바꿔 놓는 것처럼 현 시대 정신도 이전의 정신세계들, 심지어 대단히 멀리 떨어진 과거의 정신세계들에서조차 증거를 취해 자신에게 끌어들이고 제 자폐적인 환상 속으로 무분별하게 끼워 넣는다."[24]

자살하기 몇 달 전인 1940년 봄에 집필한 마지막 글인 「역사의 개념에 대하여Über den Begriff der Geschichte」에서 벤야민은 주해라는 정신적으로 필수적인 행위를 헛수고로 만드는 이 곤란한 발상을 다시 숙고했다. 하지만 여기서는 과거의 절박한 요구에 응하고자 덧없이 지나가는 과거의 파편들을 전유하려 하며, 그리하여 과거라는 저 "멀리 떨어진 세계들"과 현재의 충동이 화해할 가능성을 더듬거리며 모색한다. 다섯째 테제에서 그는 "과거는 인식할 수 있는 그 순간에만 번쩍하며 다시는 볼 수 없는 이미지로만 붙잡을 수 있다"고 말한다. 보들레르론에서 뚜렷하게 현대적인 충격의 시학이라 묘사한 상상적 과정이 여기서는 과거를 현재 속에서 유지시키는 **유일한** 양식으로 제안된다. "왜냐하면 그것은 과거의 복원할 수 없는 이미지로서, 자신과는 아무 관련이 없는 것으로 인식되는 현재의 모든 순간 속에서 언제든 사라질 수 있기 때문이다."[25] 다음 테제에서 그는—다시 한번 사진적 혹은 스트로보스코프적 순간성이라는 은유를 암시하

24 Ibid., p.53[같은 책, 75쪽; 49쪽].

25 Benjamin, *Illuminations*, p.257[『역사의 개념에 대하여·폭력비판을 위하여·초현실주의 외』, 최성만 옮김, 길, 2008, 333-334쪽].

면서—과거의 역사적 표명[과거를 역사에 접합하기]이란 "그것이 원래 어떠했는지"를 표상하는 것이 아니라 "위험의 순간에 번쩍하는 어떤 기억을 붙잡고자" 시도하는 것이라 말한다. 오늘날 역사 기술의 특정한 비판적 조류를 선취한 그는 역사가라면 과거에 침묵되고 억압되었으며 주변화되었던 것을, 현재의 긴급한 사안에 영향을 미치고 있는 이것을 드러내야 한다고 제안한다. "어느 시대든 전승된 것[전통]을 제압하려 획책하는 순응주의로부터 그것을 쟁취하고자 새로이 시도해야 한다." 그런 다음 이 강령적 단언은 「역사의 개념에 대하여」에서 가장 잘 알려진 진술 중 하나로 이어진다. "역사 유물론자는 …… 결을 거슬러 역사를 솔질하는 것을 자신의 과제로 여긴다."[26]

벤야민은 인상적인 이 마지막 이미지를 맑스주의 역사가의 비판적 관점을 가리키는 은유로 제시했지만, 데이비드 바이얼은 숄렘을 다룬 경탄할 만한 책에서 더없이 적절하게도 이를 제사로 활용했으며, 실제로 숄렘이 유대 역사를 가지고 한 일을 이 이미지만큼 예리하게 요약할 수는 없을 것이다(또 이 이미지는 숄렘을 '모더니스트' 역사가라 부를 수 있다는 내 주장의 주된 근거 중 하나기도 하다). 하지만 숄렘이 텍스트와 주석을, 과거와 현재를 어떻게 접합했는지 살펴보기 전에 위험의 순간에 번쩍하는 과거의 이미지를 붙잡는다는 벤야민의 관념이 역사가뿐 아니라 전통의 전달자transmitter와 관련해서도 함의하는 바가 있다고 제안하고 싶다. 쟁점은 전통이 내생적으로 안정적이고 심지어는 타성적이라 불가피하게 제약적인지 여부, 혹은 그 자체로 역동적인 과

---

26 Ibid., pp.257, 258-259[같은 책, 334, 336쪽].

정, 제 기원들이 가하는 제한과 벌이는 고투, 위험으로 인해 변화를 일으키는 순간들의 동적인 결정화일 수 있는지 여부다. 나무와 상형문자라는 이미지가 암시하듯 더 이른 시기에 벤야민은 전통이란 고정되어 있으며 아마도 불가침일 무언가라고 보수적으로 생각했던 것 같다. 전통이 이렇게 구상되면 주석은 감질나게 만드는 신기루에 불과해지니, 병상에 누운 현대[모던]가 정신적 열병 탓에 발작을 일으키면서 자신이 파악한 단어들의 형태를 일그러뜨릴 것이기 때문이다. [그러므로] 주해라는 이상에 사로잡혔음에도 벤야민이 이 작업을 소명으로 삼아 착수하지 않았다는 것은 전혀 놀랍지 않다. 하지만 삶의 막바지에 이르러 그는 분명 이 열병 상태가 모더니티의 증상일 뿐 아니라 모든 시대에 상존하는 인간의 조건이며, 역사라는 위험한 매개 안에 이 조건이 잠겨 있다고 생각하기 시작했다. 이런 파악은 친구 게르하르트가 고대 후기 지중해 세계의 혹은 중세 라인란트, 프랑스, 프로방스, 이베리아 지역의 유대인에 관해 발견한 것들과 틀림없이 일치할 것이다. 만약 전통—적절한 신학적 의미에서 정전적이라고 여겨지는 전통을 포함해—이 실제로 역사에 대한 역동적인 응답이요 앞선 시대에 도전하거나 때로는 혁명을 일으키는 것이라면, 주석은 더는 망상이 아니라 중차대한 연속성으로 구성된 하나의 문화 체계를 혁신하는 데 끊임없이 이용할 수 있는 수단이 된다.

과감하게 단순화해 요약하면 이것이 다수의 신비주의 텍스트—종종 주석과 난외 주석 형식을 취하며 아주 가끔씩만 불완전하게나마 체계적인 설명을 제시하는—에 한평생 몰두하고서 숄렘이 주해에 관해 내린 일반적인 결론이다. 나아가 그는 전통적인 주석 활동과 역사가-주해가로서 자신의 학문적 기획 사이에 때로는 문제적일지라도 의미 있는 상응 관계가 성립한다고 생각했다. 그래서 출판업자이자 문화 후원자였던 잘만 쇼켄의 예순 번째 생일을 축하하며 보낸 1937년에 편지에서 그는 잡힐 듯하다가도 파악을 피해 가는 역사 자체의 본성을 인정한 다음 바로 뒤이어 주석이 역사적 진리를 파악하는 수단이라는 불가결한 가치를 보유한다고 단언한다. "확실히 역사가 근본적으로 하나의 가상처럼 보일지도 모르겠습니다. 그럼에도 이 가상 없이는 시간적 현실 안에서 사물의 본질을 통찰하기가 불가능합니다. 오늘날 인간에게 (체계들의) '진리'의 신비적 총체성, 특히 역사적 시간에 투사될 때 그 실존이 사라지는 이 총체성은 정당한 주석 수련을 통해서만 그리고 문헌학적 비평이라는 독특한 거울을 통해서만 가장 순수한 방식으로 가시화할 수 있습니다."[27]

유대 전통 자체에서 주석이 담당한 역할에 관해 결론 내린 뒤 이를 대가다운 솜씨로 정식화한 글은 스위스의 에라노스 연구소Eranos Institute에서 1962년 강연한 「유대교의 종교 범주로서 계시와 전통Offenbarung und Tradition als religiöse Kategorien im Judentum」이다.[28] 내가 생각하기에 이 글은 숄렘의 모든 저술을 통틀어 가

---

27 David Biale, *Gershom Scholem: Kabbalah and Counter-History*, Cambridge, 1979, p.76에서 재인용. 번역은 바이얼이 직접 한 것이다. 바이얼의 책에는 이 편지의 독일어 원본도 실려 있다. Ibid., pp.215-216.

28 [옮긴이] 이 강연은 독일어로 집필되어 「유대교의 종교 범주로서 전통과 주석(Tradition und Kommentar als religiöse Kategorien im Judentum)」이라는 제목으로

장 깊이 있게 벤야민에게 말을 건 작품이다.

유대교 고유의 진리 지향에 관한 숄렘의 포괄적인 설명은 친숙한 토대 위에서, 물론 예리한 정의 덕분에 생생한 힘을 발휘하면서 시작한다. 교의상으로나 개념상으로나 유대 전통의 모든 것은 시나이산에서 내려진 계시에 기원을 두고 있으며 "알려질 수 있는 모든 것이 이미 영원한 기층substratum[근거] 속에 퇴적되어 있었다". 유념할 점은 숄렘이 염두에 두고 있는 퇴적이 단어[언어]들에 매개된다는 것이다. 이어서 그는 "진리는 한 번에 최종적으로 주어지며 정확함을 갖추고 아래에 놓인다"고 말한다. 그가 언어적 정확함을 뜻하는 것이라고 다시 한번 덧붙여야겠다. "근본적으로 진리는 그저 전달되기만 하면 된다." 이런 관점에서 숄렘이 "구도자"라 부른 형상은 텍스트의 "지시"를 따르는 벤야민의 베껴 쓰는 사람[필사자]과 마찬가지로 텍스트의 힘에 복종해야 한다. 그러므로 계시된 텍스트의 권위에 직접적으로 종속되지 않은 자율적 담론의 발전 범위는 매우 제한적이다. "체계가 아니라 **주석**이 진리에 접근하는 정당한 형식이다."[29]

이 설명은 전달자 혹은 수신자 혹은 주석가가 창설적 텍스트에 복종하는 자세를 취한다고 시사하며, 실제로 이는 랍비 유대교의 표준적인 이데올로기 입장 혹은 의식적 태도기도 하다. 숄렘의 주장이 대담한 까닭은 텍스트의 단순한 보충이자 순종적

Eranos Jahrbuch, 31, 1962, pp.19~48에 게재되었고 이후 개정과 확장을 거쳐 「유대교의 종교 범주로서 계시와 전통」이라는 제목으로 『유대교에서 메시아주의 이념 및 유대 정신성에 대한 논고들』에 번역 수록되었다.

29 Scholem, *The Messianic Idea in Judaism*, New York, 1971, p. 289. 강조는 숄렘.

인 적용 혹은 연장 혹은 비춤으로 제시되는 주석이 실제로는 폭발성의 변화력이라고 제안하기 때문이다. 숄렘이 세공한 정식에서 "진리는 텍스트에서 생산됨에 틀림없다"라는 주장은 거의 언제나 유대교에 들어맞는 말이지만 텍스트의 본성상 이 진리는 결코 자명하지 않으며 주석 과정에서 생겨나야 하니, 이것이 뜻하는 바는 텍스트란 사실상 해석가의 역사적 관점, 분석 방법, 개념적·정신적 가정에 따라 다양하게 도출되는 여러 진리를 품고 있다는 것이다. "본디 일관되고 통일되어 있으며 스스로를 에워싸고 있다고 믿겨 온 것이 이제는 다양하고 다면적이며 모순으로 가득 찬 것이 된다."[30] 이 동역학은 모든 해석의 한 특징으로, 포스트-성서 유대교의 형성기에 초기 랍비들이 실행한 법적·설교적 주석들—이후 규범적인 것으로 간주된—에서 [처음] 드러났다. 신비주의적 해석은 성문 토라[31]의 모든 단어가 무

30 Ibid., p.290.

31 [옮긴이] 본디 '지시'나 '명령', '가르침'을 뜻하는 토라는 시나이산에서 계시를 통해 모세가 수신한 신의 말씀(단어) 혹은 목소리를 가리킨다(그리고 카발라 신비주의 관점에서 이 말씀 혹은 목소리를 구성하는 것이 바로 신의 '이름[들]'인데, 앞서 보았듯 이 발상이 벤야민의 「언어 일반과 인간의 언어에 대하여」에 영향을 미쳤다). 이를 기록한 것이 성문 토라(Written Torah)로 좁게는 모세 오경을, 넓게는 히브리 성서 및 율법 전반을 지칭한다. 그런데 숄렘이 연구한 신비주의 입장에 따르면 이 말씀 혹은 목소리는 무한하고 고갈되는 법이 없으며 무매개적으로는 이해할 수 없다. 그렇기에 성문 토라는 해석에 무한히 열려 있으며 또 해석이라는 매개를 거쳐야만 의미를 지니고 이해 가능해진다. 다음 부분에서 지은이가 설명하듯 각각의 역사적 맥락에서 성문 토라(경전)를 해석하려는 노력과 그 결과물이 구전 토라(Oral Torah)를 이루어 전승됨으로써 전통으로 확립되었다(숄렘은 "신비주의적 의미에 따르면 전통은 구전 토라다"라고 말한다). 이 입장에서 보면 전통은 움직이지 않고 굳어 있는 관행들보다는 (숄렘의 표현을 빌리면) "살아 있는 유기체"나 "살아 있는 창조성"에 가까운 것, 해석(주해 혹은 주석) 활동의 매개를 거쳐 지속되거나 변화를 겪는 것이다. 이것이 뒤에서 인용되는

한히 해석 가능하다고 주장함으로써 단순히 이 동역학을 논리적 극단까지 밀어붙일 따름이다. "신의 말씀[단어]은 무한한 의미를 담고 있다. 그것이 정의될 수 있다 하더라도 그렇다. 심지어 이미 엄격한 의미에서 하나의 기호가 되었고 이미 매개된 단어가 된 것조차도 절대적인 성격을 간직한다." 그리하여 전통을 구전 토라로 지시하는 은유는 카발라주의적 관점에서 볼 때 특별한 중요성을 띠고서 글의 고정성 대신 발화된 말의 유동성을 내세운다. "왜냐하면 정확히 텍스트의 안정화란 죄다 텍스트 안에서 무한하게 움직이는, 끝없이 앞으로 나아가고 펼쳐지는—그러지 않는다면 석화될—요소를 방해하고 파괴할 것이기 때문이다."[32]

「역사의 개념에 대하여」로 벤야민이 억압된 문화적 목소리를 연구하는 현대의 역사가처럼 들리게 된 것과 마찬가지로 텍스트와 해석에 대한 설명으로 숄렘은 적어도 첫눈에는 포스트-구조주의적 문학 이론가—이 이론이 유행하기 10년 전에—가 된 것처럼 보인다. 텍스트는 안정된 독립체일 수 없으며 그래서도 안 된다. 해석가가 아무리 메우려 해도 기표와 기의 사이에는 늘 간격이 있다. 혹은 오늘날 이론의 또 다른 판본에 따르면 텍스트의 의미들은 해석 공동체가 바뀔 때마다 자의적이고 관습적으

"수용성 속 자생성"의 의미며, 수용성(텍스트에 대한 복종)과 자생성(텍스트에 대한 새로운 해석)의 모순적이면서도 창조적인 관계가 전통을 구성하게 된다. 지은이가 언급하듯 숄렘의 「유대교의 종교 범주로서 계시와 전통」은 벤야민의 언어론과 번역론, 전통에 대한 벤야민의 사고 방식(「이야기꾼」이나 「역사의 개념에 대하여」 등에서 확인할 수 있는)과 공명하며, 나아가 이 책 전체의 문제 의식 일단을 드러내 주고 있기도 하다.

32 Ibid., pp.295-296.

로 확립된다. 카프카 역시 해석에 관한 이 같은 회의주의 전망을 선취했지만, 그의 경우에는 최근의 문학 이론가들에게서 종종 발견할 수 있는 찬양조와는 매우 다른 두려움과 체념의 감각이 나타난다. 그런데 숄렘에게는 또 다른 강조점이 있으니, 처음에는 이 강조점이 그의 논의 배경에 머물지만 뒤에 가서는 다른 모든 것을 좌우하는 개념적 중심축으로 등장한다. 그가 논고 서두에서 말하길 고전적인 유대인 학자는 "계시를 유일하고 분명하게 윤곽이 정해진 발생이 아니라 발굴되고 검토되어야 하는 영원한 비옥함의 현상으로" 파악했다. 이 파악을 고려하면 이들의 성취란 "토라에 뿌리를 두고서 그로부터 자라난 하나의 전통을, 수용성 속 자생성의 주된 사례를" 확립한 것이라 할 수 있다.[33] 근래의 읽기 및 쓰기 이론가도 '기표들의 놀이'를 환기하면서 종종 자생성을 언급하지만 숄렘의 진술에서 또 다른 핵심 용어는 수용성으로 이는 계시에 대한 적절한 반응을 뜻한다. 숄렘 고유의 관점과 독실한 전통 지지자의 이해 방식을 단순하게 등치시키는 것은 어리석은 짓이겠으나 그의 논고 말미에 이르면 두 관점이 사실상 융합한다. 대화에서 자주 자신은 세속주의자가 아니라고 부인했으며 심지어는 그 어떤 철저한 회의주의도 장기적으로 유지될 수 없다는 회의주의를 표한 숄렘은 끝까지 완고한 이단적 유신론자로 남았다. 이전의 벤야민이 그랬고 간헐적으로 계속 그런 기미를 보였던 나중의 벤야민이 그랬듯이 말이다. 숄렘은 인간이 마주치기를 추구하는, 사물들의 배치에서 제가 점하는 자리에 대한 참된 감각을 획득하기 위해 인간이 마주

33 Ibid., p.287.

쳐야만 하는 하나의 신적인 절대자를 상정한다.

내 짐작에 숄렘은 유대 전통에서 계시가 독점적인 지위를 누린다고 주장한 것이 아니다. 그는 이 전통이 인간과 신적인 것의 마주침을 언어—"정확함을 갖추고 아래에 놓인"—로 강력하게 표명[접합]한다고 이해했다. 그가 히브리어를 언급한 몇몇 사례를 고려하면 이 언어를 그런 마주침들을 전달하는 유례없이 효과적인 수단으로 파악했다고 볼 수도 있다. 그의 관점에서 「창세기」 1장(이후 두 장에 걸쳐 에덴동산 이야기가 이어지는)의 거대한 우주 생성 리듬들은 자의적인 기표들의 한낱 연쇄 혹은 고대 민속 문화, 신화, 원인론적 이야기를 진기하게 땋은 수술braid이 아니었다. 그에게 이 리듬들은 세계와 인류의 기원에 관한 그리고 인류의 도덕적 조건이 변치 않고 안기는 당혹스러움에 관한 영원히 시선을 잡아끄는 진술들—그 표현 양식이 아무리 고대적이더라도—이었을 것이다. 「유대교의 종교 범주로서 계시와 전통」과 『카발라의 원천과 기원』 모두에서 숄렘은 토라가 신의 무한한 이름들로, 문법 없는 하나의 신적 언어로 구성되어 있다는 신비주의적 이념(그가 마법적이며 시초적이라고도 일컬은)을 강조했다. 그가 이 이념을 문자 그대로 믿었다고 보기는 어렵지만, 프란츠 로젠츠바이크에게 보낸 1926년 편지에서 분명히 밝혔듯 그는 사물들에 붙은 오래전 히브리식 이름들—천국shamayim, 바람·정신ruaḥ, 심연tehom, 대지'adamah, 이미지tselem, 지식da'at, 그리고 「창세기」 서두에 등장해 끊임없이 뇌리를 사로잡는 나머지 어휘 전부—이 특수한 정신적 역능으로 가득 차 있다는 관념을 매우 진지하게 받아들였다. 이름들로 구성된 이 복합체[토라]의 의미들은 다면적이어야 했으며, 이후의 해석가들이 저마다의 다기한 "위험의 순간" 관점에서 텍스트를 면밀히 검토했듯 시간이 흐르면서 가장 놀라운 새 가능성들이 원텍스트의 단어와 이미지에서 펼쳐져 나올 터였다. 하지만 내 생각에 숄렘의 본질적인 요점은 이 펼쳐져 나옴이 자유로운 놀이 혹은 텍스트와 조화를 이루지 않는 낯선 발상의 자의적인 부과로서 수행되는 것이 아니라 수용성의 한 상태에서, 절대적 권위를 지닌다고 여겨지는 고대 단어들을 섬세하게 경청하는 상태에서 수행된다는 것이다. 그리고 숄렘은 권위 주장을 얕잡지 않는다. 논고 결론부에서 그는 "유대적 구상에서 진정한 전통은, 창조적인 모든 것과 마찬가지로, 인간의 생산력만으로 성취된 것이 아니다. 그것은 기반을 이루는 토대에서 말미암은 것이다"라고 말한다. 이 진술은 전통 자체의 관점을 묘사하고 있지만 이어 숄렘은 신중하나 궁극적으로는 신학적인 용어로 전통의 변치 않는 가치를 일반화하며, 그러면서 정신적인 진리가 문화 안에서 추구되어야 하는 방식에 관한 자신만의 이해를 표현한다. "전통은 위대한 성취 중 하나로 인간의 삶과 그 토대들의 관계가 그 안에서 실현된다. 전통은 살아 있는 접촉이며 전통 안에서 인간은 모든 세대에 걸쳐 주고받음이라는 대화를 통해 고대의 진리를 부여잡고 그것과 묶인다."[34] 어딘가에서 해럴드 블룸은 전통이란 문화적 변화가 뒤집어쓴 지속성이라는 가면이라고 말한 바 있다. 하지만 숄렘은 지속성의 실체가 존재한다고 확신했다. 현재와 과거의 역사적 대화로 생겨나는 전환들이 아무리 놀랍더라도

34 Ibid., p.303.

말이다.

블룸이 숄렘과 맺은 관계 혹은 네오-맑스주의자들이 벤야민과 맺은 관계 혹은 1940년대 이래 사실상 모든 문학 아방가르드 운동이 카프카와 맺은 관계를 통해 추론할 수도 있듯 현대 지식인들은 세 작가를 우리 자신이 맞닥뜨린 포스트-모던적 딜레마들의 예언자로 개종시키는 경향이 있다. 이들의 오늘날 의의를 무시할 생각은 없다. 하지만 이 셋이 20세기 초 독일-유대 영역의 정신적 염려들에 깊이 근거 두고 있었음을—특히 결정적인 고려 사항 하나와 관련해—유념하는 것이 중요하다. 근대 유대인의 각성이 러시아에서는 대체로 민족성을, 즉 시온주의와 분디즘[유대 사회주의], 헤브라이즘과 이디시즘을 일깨운 반면 독일에서 이 각성은 유대교에 대한 관심의 갱신, 신을 향한 탐구라는 특유의 형태를 띠었다. 카프카와 벤야민, 숄렘 모두 마르틴 부버와 교류했고 때로는 각기 맹렬하게 이 남자와 그의 사유에 의구심을 표했음에도 그가 세운 기획에 일정 정도 공감했다. 또 벤야민과 숄렘은 프란츠 로젠츠바이크의 신전통주의 신학에 비상한 관심을 보였다(카프카는 이 신학을 접할 만큼 오래 살지 못했다). 숄렘은 그의 독특한 교회적ecclesiastical 유대교관에 반대했지만 말이다. 벤야민과 숄렘이 각자의 경력을 개시한 1차 대전 직후는 청년 지식인들이 프랑크푸르트에서 로젠츠바이크가 설립한 '자유 유대인 배움의 집Freies Jüdisches Lehrhaus' 주변에 모여들던 시기요, 정신분석가 프리다 라이히만이 하이델베르크에서 프로이트와 정통 유대교의 원칙을 혼합한 요양소를 운영한 시기며, 심리학 이론가인 에리히 프롬과 프랑크푸르트학파 사회

학자인 레오 뢰벤탈 같은 인물이 유대 신앙과 잠시나마 불장난을 벌인 시기다. 우리의 세 작가가 펼친 사유의 기저에는 이 전체 환경이 뚜렷이 표명하고자 한 신학적 세계관이 자리 잡고 있었다. 벤야민의 경우 이 세계관이 너무나 확고하게 닻을 내리고 있어 그가 변증법적 유물론을 고수했음에도 그것을 완전히 몰아낼 수는 없었다.[35] 숄렘과 벤야민에게 당혹감을 느낀 이들에게 당혹감을 안기는 안내자 역할을 수행한[36] 카프카는 두 사람보다 더 근본적으로 신학적 진리를 회의했다(그리고 숄렘과 벤야민은 이 점을 완벽히 이해했다). 혹은 각자의 방식으로 신앙과 전통에 관해 동요한 세 사람 중에서 카프카가 비타협적인 회의주의 극을 대표한다고 말할 수도 있다. 숄렘이 「카발라에 대한 열 가지 비역사적 테제」 마지막 부분에서 간결하게 표현했듯 카프카는 일종의 "이단적 카발라"를 창조했다. 그가 "종교와 니힐리즘 사이의 경계를 표시해 주었기" 때문이다.[37]

여기서 종교 편—그리고 분명 이는 종교 전체가 아니라 유대교다. 픽션적 수단이 얼마나 보편화되었든 그렇다—을 특징짓

35 Richard Wolin, *Walter Benjamin: An Aesthetic Redemption*, New York, 1982에서 리처드 월린은 벤야민의 형이상학 단계와 맑스주의 단계를 깔끔하게 분리할 수 없다고 적절히 언급한 바 있다. 앞선 시기의 관심사와 발상이 나중에도 거듭 나타난다는 것이다.

36 [옮긴이] '당혹감을 느낀 이들을 위한 안내(the guide to the perplexed)'라는 표현은 12세기 유대인 사상가이자 법률가였던 모세 마이모니데스가 지은 책 제목을 차용한 것으로, 이 책에서 그는 구약성서를 합리적으로 설명하고자 시도했다. 이 표현은 현대에 이르기까지 여러 서적이나 시리즈물의 제목으로 활용되어 오기도 했다.

37 Scholem, "Zehn unhistorische Sätze über Kabbala", in *Judaica*, vol.3, Frankfurt, 1973, p.271.

는 것은 종교 전통의 개념적 범주와 지적 과정들에 대한 카프카의 섬뜩한 재창조다. 앞서 나는 주해가 적절한 핵심 사례라고 논했다. 그리고 주해를 다룬 카프카의 비유담이 한 편 있으니 니힐리즘의 가능성들에 온전히 열려 있는 이 비유담은 또한 전통과 주석을 바라보는 숄렘의 관점과도 접점을 가진다. 「프로메테우스Prometheus」라는 비유담은 그리스신화의 한 이야기에 초점을 맞추지만 이것이 노출하는 해석적 동역학은 에덴동산, 바벨탑, 아브라함, 시나이산, 메시아를 명상하도록 카프카를 부추긴 동역학과 동일하다. 이 비유담은 프로메테우스 전설의 네 판본을 제안한다. 첫째 판본은 전통 신화의 플롯을 따른다. 둘째 판본에서 프로메테우스는 독수리들에게 심장을 쪼아 먹힌 탓에 미쳐 버려 스스로를 바위에 밀어 넣어 결국에는 바위와 하나가 된다. 셋째와 넷째 버전은 근본적으로 회의주의적이다. 오랜 시간이 흘러 독수리들, 주인공, 신들 모두 잊힌다. 혹은 다시 한번 모두가—신들과 독수리들과 프로메테우스의 상처를 포함해—영원히 이어지는 전체 사태에 점점 지친다. 그런데 이야기에서 모든 중요성을 제거한 이 두 대안은 사실에 위배된다. 기원들을 이야기한 이 모든 텍스트를 우리가 계속 기억하고 또 그에 깊이 몰두하기 때문이다. 그리하여 비유담은 이렇게 결론 내린다. 프로메테우스, 신들, 독수리들이 증발한 것처럼 보인 이후에도 우리는 불가해한 바윗덩어리와 더불어 남겨져 있으며, 전설이 설명하고자 한 바가 바로 이것이라고 말이다. "그것[전설]은 하나의 진리 근거에서 비롯되는 것이므로 다시금 불가해함 속에서 끝나야 한다."[38] 셋째와 넷째 판본 프로메테우스 이야기가 어지러운 관점들을 열어 놓음에도 불구하고 카프카는 하나의 "진리 근거 Wahrheitsgrund, substratum of truth"에 도달하며 이는 숄렘이 전통의 모체로 이해한 "기반을 이루는 토대"와 크게 다르지 않다. 시나이산a Sinai이 캅카스산맥the Caucasus[39]으로 대체됨에 따라 계시는 종교와 니힐리즘 사이의 경계로 옮겨 가며, 이는 우리를 안심시키는 그 어느 답변이든 산출할 수 있는 진리 근거가 아니다. 불가해하다는 바로 그 이유 때문에 계시는 긴요한 질문들을 영원히 불러일으킬 것이다. 어쩌면 누군가는 숄렘을 통해 다음과 같이 추론할지도 모르겠다. 저것이 언제나 기원적 계시의 모든 것, 제도화된 종교의 한층 안락한 경건함을 벗겨 낸 계시의 모든 것이라고.

---

38 Kafka, *Parables and Paradoxes*, p.83[『변신: 단편 전집』(개정 2판), 이주동 옮김, 솔, 2017, 577쪽].

39 [옮긴이] 제우스가 내린 벌 때문에 프로메테우스가 묶인 바위산이 캅카스산이다.

4장 ———— 계시와 기억

기이한, 비밀스러운, 어쩌면 위험한, 어쩌면 구원을 줄지도 모르는 글쓰기의 위안: 살인자들의 행렬에서 뛰쳐나가는 것, 더 높은 종류의 관찰을 통해 행위-관찰을 하는 것, 이것은 더 높은 관찰이지 더 날카로운 관찰은 아니다. 더 높아질수록 그 관찰은 저 '행렬'에서 더 멀어진다. 더 독립적으로 될수록 관찰은 더 제 운동 법칙에 따라 움직이며 그럴수록 더 제 도정에서 계산 불가능해지고 더 즐거워지며 더 상승하게 된다.

프란츠 카프카, 『일기』

1922년 1월 27일

1934년 여름 벤야민은 덴마크 스벤보르의 시골에 망명해 있던 베르톨트 브레히트를 찾아가 예정보다 오래 그곳에 머물렀다.[1] 그가 노트에 간결하게 기록한 바에 따르면 두 작가는 소비에트연방의 국가 공산주의부터 동시대 유럽 문학의 상황과 카프카의 픽션에 이르기까지 폭넓은 주제를 오가며 대화를 나눴다. 7월 초 벤야민은 [덴마크에 오기 전 집필한] 카프카론 초고를 브레히트에게 건넸지만 극작가는 3주 동안 이 주제에 관해 어떤 말도 꺼내려 들지 않았다. 마침내 침묵을 깼을 때 브레히트는 논고의 삽화적 형식과 카프카 자신—그는 카프카의 작품이 "몽매주의"의 숲에 반쯤 묻힌 "매우 유용한 것 다수"를 담고 있다고 생각했다—에 강한 유보를 표했다. 벤야민이 소장하고 있던 카프카 단편집의 아무 쪽이나 펼쳤더니 「이웃 마을Das nächste Dorf」

1 [옮긴이] 벤야민은 7월 초부터 약 16주 동안 그곳에 머물렀다. 에르트무트 비치슬라, 『벤야민과 브레히트: 예술과 정치의 실험실』, 윤미애 옮김, 문학동네, 2015, 156, 494쪽 참조.

이라 불리는 소품이 나왔다. 그는 구체적인 텍스트를 해석해 서로 대립하는 자신들의 비평적 접근을 시험해 보자고 제안했으나 브레히트는 그 자리에서 무언가 논평하기를 꺼렸다. 하지만 그달 말 다시 「이웃 마을」이 화제에 올랐고 벤야민은 이를 "내 카프카를 두고 장시간에 걸쳐 벌인 열띤 논쟁"이라 일컬었다. 벤야민의 8월 31일 노트에 기록된 이 논쟁은 브레히트의 가장 격분한 진술 중 하나로 시작한다. 벤야민의 카프카론이 "유대 파시즘을 한층 진전시켰다"는 것이었다. 카프카를 명료하게 설명하고 "그의 단편들에서 끌어낼 수 있는 실행 가능한 제안들[!—지은이]"을[2] 정식화하는 대신 카프카를 둘러싼 모호성을 한층 증폭시켰다는 것이 그 이유였다.[3] 먼저 두 사람이 다툰 카프카 텍스트 전문을 보자.

할아버지는 이렇게 말씀하시곤 했다. "인생이란 놀랍도록 짧구나. 돌이켜 보면 삶이 너무 축소된 것처럼 느껴지는걸. 예를 들어 나로서는 한 청년이 말을 타고 이웃 마을에 갈 결심을 할 수 있다는 게 이해가 되지 않는단다. 행복하고 평범하게 일생을 보내더라도—우연히 닥친 불행한 사고는 논외로 치면—그런 여행을 떠나기에는 턱없이 시

2 [옮긴이] 여기서 지은이가 느낌표를 첨가한 것은 브레히트의 어휘가 (2장에서 살펴본) 카프카가 언급한 숄렘 제안의 '실행 가능성'과 대비를 이룬다고 느꼈기 때문이 아닌가 싶다.

3 Walter Benjamin, *Reflections*, trans. Edmund Jephcott, New York, 1986, p.208[「브레히트와의 대화」, 『발터 벤야민의 문예 이론』, 반성완 편역, 민음사, 1983, 46쪽. '유대 파시즘'에 관해서는 『벤야민과 브레히트』, 362쪽을 참조하라].

간이 부족한데 그게 두렵지도 않은지."[4]

브레히트와 벤야민 모두 비유담 같은 이 짤막한 수수께끼를 아주 놀라운 방식으로 읽는다. 브레히트의 읽기는 독창적이고 지적이며 벤야민의 읽기는 직관적이고 자유연상적이다. 브레히트는 벤야민이 가장 중시한 텍스트 담론 구조상의 한 기본 측면을 무시하고서 결론에 도달한다. 그 기본 측면이란 이 비유담이 젊은 남자 곧 손자의 말에 인용된 나이 든 남자 곧 할아버지의 말로 제시된다는 것이다.

> 브레히트는 이 작품이 아킬레스와 거북이 이야기의 대응물이라고 설명한다. [브레히트에 따르면] 말을 타고 가는 행위를 가장 작은 조각들로 쪼갠—우연한 사고는 모두 제쳐 두면—누군가는 결코 이웃 마을에 도착하지 못할 것이다. 그렇게 말을 타고 나서기에 인생은 너무 짧다. 하지만 오류는 '누군가'에게 있다. 말을 타는 행위가 조각들로 쪼개지듯 말을 탄 사람도 그렇게 되기 때문이다. 그리고 이제 삶의 통일성이 허물어지듯 삶의 짧음도 그렇게 된다. 삶이 매우 짧을 수도 있다. 그것은 아무 문제도 되지 않는데, 말을 타고 길을 떠난 그가 아닌 다른 사람이 이웃 마을에 도착하기 때문이다.[5]

---

4 Franz Kafka, *The Complete Stories*, ed. N. N. Gratzer, New York, 1971, p.404[『변신: 단편 전집』(개정 2판), 이주동 옮김, 솔, 2017, 238쪽].

5 Benjamin, *Reflections*, p.209[「브레히트와의 대화」, 『발터 벤야민의 문예 이론』, 47-48쪽].

브레히트는 카프카의 비유담과 아킬레스와 거북이의 역설이 지닌 유사점 하나를 포착함으로써 「이웃 마을」을 논리적 난문으로 전환한다. 그 유사점이란 여행의 궤적이 완료될 수 없다고 상상된다는 것이다. 나아가 그는 무한히 분석 가능한 운동과 무한히 도달 불가능한 목적지에 관한 고대의 역설을 인간 주체의 불연속성에 관한 2차 역설과 혼합한다. "말을 타는 행위가 조각들로 쪼개지듯 말을 탄 사람도 그렇게 되기 때문이다." 다시 말해 말을 탄 사람의 연속적인 '나'가 의식의 가상 이상임을 상정할 설득력 있는 철학적 근거가 없다는 것이다. 왜냐하면 자아는 두뇌나 몸의 분자들처럼 시간 흐름에 따라 끊임없이 변하기 때문이다. 그러므로 어떤 행위도 그것을 시작한 동일한 개인에 의해 완료되지 않는다. 이 해석은 부인할 수 없이 명석하며 카프카에게서 "실행 가능한" 요소—브레히트가 앞선 대화에서 암시했듯 정치적 목적을 위해 실행 가능하지는 않더라도 최소한 철학적 성찰을 위해서는 실행 가능한—를 발견하려는 그의 의도에도 부합한다. 카프카의 수수께끼 같은 면모를 엄격한 논리적 역설로 환원하는 것은 모호함의 요소를 제거하는 한 방법이다. [그런데] 그런 읽기의 주된 문제는 카프카가 정말이지 철학적 작가가 아니라는 것이다(예컨대 독창적으로 카프카를 모방했지만 훨씬 덜 인상적인 호르헤 루이스 보르헤스와 달리). 그는 존재론과 인식론을 규정하는 범주들이 초래하는 곤혹스러움보다는 인간의 경험적 당혹감에 거듭 관심을 보였다. 「이웃 마을」에는 (고대의 아킬레스와 거북이 역설이 그렇듯) 할아버지가 여행을 계기적인 작은 조각들에 대한 논리적 분석에 종속시켰다는 혹은 여행을 떠나는 청년이 주체로서 보유한 연속성이 쟁점이라는 최소한의 암시조차 등장하지 않는다.

벤야민의 반대 해석은 브레히트가 무시한 텍스트의 함의 하나를 집어내며 기이하지만 유익한 방식으로 이 함의를 자기 특유의 관심사들과 결부시킨다.

> 내 편에서는 다음과 같은 해석을 제시했다. 삶의 참된 척도는 기억Erinnerung[상기]이다. 기억은 뒤를 돌아보면서 번개처럼 [전체] 삶을 가로지른다. [글을 읽으며] 몇 쪽 앞으로 돌아가는 것만큼이나 빠르게 기억은 이웃 마을에서 말을 탄 사람이 출발하기로 결심한 지점으로 되돌아간다. 나이 든 사람들이 그렇듯 삶이 글Schrift[성서]로 변한 사람은 이 글을 오직 거꾸로만 읽을 수 있다. 그렇게 함으로써만 그는 스스로를 마주하게 되고 그렇게 함으로써만 — 현재에서 탈출해 — 그의 삶이 이해될 수 있다.[6]

다른 곳에서처럼 여기서도 벤야민은 심원한 직관으로 카프카를 꿰뚫어보는데 그 직관이란 외관상의 추상들조차도 대단히 구체적인 경험이라는 갑옷을 단단히 두르고 있다는 것이다. 벤야민의 현대 문학 만신전에 오른 또 한 명의 위엄 있는 인물인 프루스트와 대조적으로 카프카는 무언가를 기억하고 있는 누군가를 그리는 법이 좀처럼 없지만 그의 작업 중심에는 기억의 암

---

6 Ibid., pp. 209-210[같은 책, 48쪽].

묵적 차원—개인적, 문화적, 민족적—이 자리를 잡고 있다. 가장 단순한 층위에서 「이웃 마을」은 나이가 들면 기억이 흐릿해지고 시간이 점점 더 빨리 흐르는 듯이 느끼게 된다고 시사한다. 할아버지가 가장 짧은 여행을 다녀올 시간도 상상하기 어려워하는—"삶이 너무 축소된 것처럼 느껴지는걸"—것처럼 말이다. 말을 탄 청년이 목표에 도달할 시간이 충분하다고 생각할 수 있는 것은 오직 그의 착각 덕분이다. 하지만 할아버지가 축소된 삶이라는 감각을 "돌이켜 보면"이라는 행위와 연결했다는 사실에 주목한 벤야민은 번개처럼 빠른 기억의 자극 때문에 우리가 목적지에서 멀어지는, 기원 지점으로 돌아가는 방향을 향하게 된다고 강조한다. 그리고 이에 따르면 참된 자아가 발견되는 유일한 곳이 바로 여기다. 내 생각에는 이 관념이 벤야민의 개념세계 전체를 규정하니, 그의 카프카와 프루스트 읽기, 역사와 전통 이해, 이야기꾼에 대한 논의와 아우라 쇠퇴에 대한 설명의 근간을 이루며, 클레의 〈새로운 천사〉에 관한 명상이 표의적 명료함으로 이를 요약한다. 그의 고유한 점은 이 발상을 글과, 더 특수하게는 글로 변하는 삶과 결부시켜야 했다는 것인데, 이는 카프카 텍스트에 나타나는 이미지나 주제와 밀접하다고 보기 힘든 무언가다.

이처럼 벤야민의 상상에서 고유한 힘을 행사한 글[이라는 관념]은 그가 자기 카프카론을 분석할 때도 곧바로 비유에서 진리로 변한다. 인쇄된 말을 검토하는 행위가 처음에는 기억이 뒤쪽을 향해 급속히 되돌아가는 운동의 직유로 도입되지만("몇 쪽 앞으로 돌아가는 것만큼이나 빠르게") 그런 다음에는 나이 든 사람들의 조건을 언급하는 축자적인 진술로 변형된다. 그들의 삶이 글이 되었고 시작점을 향한 거꾸로 읽기로만 이 글을 제대로 해독할 수 있다는 것이다. 이 이상한 관념은 벤야민이 초기와 말기에 숙고한 여러 발상과—언어가 존재보다 우위에 있다는, 텍스트의 힘이 뒤엉킨 내면의 자아로 진입하는 길이라는, 비밀스럽게 수놓인 문자가 자아의 궁극적 계시라는(이와 상통하는 것이 카프카의 꿈-시야에 등장한 정체성 및 운명과 관련된 비문碑文이다) 발상과, 그리고 또 아마도 히브리어에 대한 지각이 숨겨진 정체성을 발견하는 수단이라는 발상 및 거꾸로 읽기, 즉 오른쪽에서 왼쪽으로, 유럽의 문화적 성인기가 처한 딜레마에서 [출발해] 방향을 뒤로 돌려 이해의 빛을 비추는 기원 지점을 향해 읽기라는 발상과도—공명한다.

벤야민이 「이웃 마을」의 빈약한 구조 위에 이 작품이 지고 있는 듯 보이는 것보다 더 무거운 의미를 적재한다면 이는 이 비유담에서 뚜렷하게 주제상의 대비를 이루는 과거와 미래가 그의 사유 안에서 그토록 강한 긴장 관계를 빚고 있기 때문이다. 그의 맑스주의는 앞선 시기에 성찰한 유대 메시아주의에 입각해 있었고, 맑스주의의 논리상 유토피아적 실현이라는 미래 지평을 향해야 했음에도 벤야민의 글에는 그가 구체적인 방식으로 그런 식의 역사적 구원 전망을 상상했다는 증거가 거의 없다. 반대로 숄렘과 카프카처럼 그도 과거에 사로잡혔으니 과거가 역동적으로 현재를 향해 진화했기 때문만이 아니라(물론 이것도 긴요한 관심사다) 태곳적 기원으로 이어지는 구불구불한 길을 따라 돌아가도록 이끌었기 때문이다. 그의 마지막 저술인 「역사의 개념에 대하여」는 미래성에 관한 어떤 발상을 과거에 대한 고착과 화해시키고자 한 필사적인 마지막 시도, 만족스러운 해결과는 여전히 한참 거리가 있는 시도다.

이 같은 기원들을 향해 돌아감 전체가 앞서 세 작가 모두와 관련해 지적했던 독일 부르주아 유산에 대항한 반란의 근본적 표현이었다. 조지 모스가 관찰했듯 저 유산을 통제한 문화 개념은 교양Bildung 이념이다. 교양은 언제나 미래를 지향하는, 교육받은 개인이라면 누구나 도달할 잠재력을 지닌 완성된 자아를 지향하는 사회적 훈육의 요구에 응답해 점진적으로 단계를 밟는 도덕적-미학적 교육을 뜻한다. 교양이라는 부르주아적인 이상과 그에 수반된 독일인과 유대인의 공생이 파탄 난 시점인 1937년 4월 마르틴 부버는 프랑크푸르트의 [자유 유대인] 배움의 집에서 '교양과 세계관Bildung und Weltanschauung'이라는 강연을 열었다. 오랫동안 이 공생의 대변자였던 부버는 강연에서 교양이 함의하는 미래에 대한 고착에 유보를 표했고 출발점이 도달점보다 덜 중요하지 않을 수도 있다는 생각을 내비쳤다.[7] 벤야민과 숄렘은 이미 20년 전부터 출발점에 몰두해 온 터였다. 두 사람이 뒤쫓은 지적 흐름—숄렘은 실제 사료를 연구함으로써, 벤야민은 [이 흐름을] 시간성을 조직화하기 위한 일종의 모델로 삼음으로써—은 유대 전통의 내재적 구조를 따랐다. [이 구조에 따르면] 모든 것은 계시의 작열에서 기원하며 그런 다음 이 작열은 시간 흐름에 따라 주해를 통해 무수히 반사되고 굴절되면서 존속한

7 George Mosse, *German Jews beyond Judaism*, Bloomington, 1985, p.36에서 재인용.

다. 전체 체계는 자신을 발생시킨 위대한 순간에 상상적으로 초점을 맞춘다. 이후 해석가들의 '자생성'이 아무리 대담하고 놀랍든 말이다. 전통 유지의 필수 요소인 구원의 풍경조차도 계시에 기록된 과거의 에덴동산을 미래에 투사한 것이다. 이 과거 지향은 황금기를 묘사하는 그리스신화와 본질적으로 다르다. 에덴동산 신화가 아니라 계시라는 역동적 사건이 전자의 결정적인 순간이기 때문이며, 계시 사건은 모든 후속 세대에게 지속적인 해석 과정에 참여해 자신의 의미를 해석하고 흡수하라고 집요하게 요구한다. 이런 측면과 여타 여러 측면에서 볼 때 우리의 범례적인 세 독일계 유대인 모더니스트는, 정확히 유대 전통이라는 이념이 이들의 상상 세계에 나타나기 때문에, 모더니즘이 공유한 공통 관심사의 극단적 사례를 구성한다. 세계가 비일관성으로 용해되겠노라고 위협하는 상황—조이스, 파운드, 엘리엇, 만의 글을 제각기 특징짓는—에서 전통의 뿌리로 돌아가려는 의지적 운동이 바로 그 관심사다.

카프카 상상력의 통일성을 가늠하게 해 주는 척도 하나는 그가 최소한의 향수도 내비치지 않은 채로 기원들에 대한 이 긴요한 관심을 재현한다는 것이다. 각각 계시와 해석이라는 이념을 다루는 비유담 두 편을 참고해 이 점을 예증해 보자. 카프카가 히브리어 공부를 시작한 무렵인 1917년에 쓴 「황제의 전언Eine kaiserliche Botschaft」은 지상의 군주와 천상의 왕이 이루는 상응 관계를 활용한다는(물론 오직 함축적으로) 점에서 고전적인 미드라시적 비유담 곧 마샬과 닮아 있다. 임종 침상에서 황제는 전령messenger 한 명에게 "당신 혼자만" 알고 있으라면서—정신적인 의미에서 모든 계시가 그러하듯—전언message을 속삭인다. 처음에는 비유담의 서사적 조건이 현저하게 공간적인 듯 보인다. 동심원을 이루는 궁궐들 한가운데에 황제가 있고, 그는 자신의 권세를 표시하는 밝은 태양 모양의 휘장에 둘러싸여 있으며, 저쪽 구석에는 전언을 수신하게 될 대상이 "가장 먼 거리에서 머리를 조아리고" 있다. 황제의 전령은 방에서 출발해 계단과 복도와 정원을 지나 바깥으로 나가려 하지만 그것들이 끝없이 늘어날 뿐 아니라 수도의 온갖 지물과 인파에 둘러싸인 탓에 헤쳐나갈 수 없는 지경에 이른다. 비유담이 끝나기 직전에 이르면 전언 전달의 불가능성에 대한 이 공간적 재현이 또한 시간적인 것이 된다. "망자에게" 받았지만 결코 전달하지 못할 전언을 간직한 채로 전령이 궁궐에서 궁궐로, 정원에서 정원으로 "그렇게 수천 년간" 미로 같은 길을 헤매니 말이다. 전언의 절대적 긴급함은 의심의 대상이 되지 않는다. 무엇보다도 황제 자신의 전언이요 다른 누구도 아닌 이야기를 들은 "당신"이 수신자라 그렇다. 하지만 이는 말로 내려졌지만 완성되지는 않은 계시의 비유담이다. 분명 당신은 전언을 필요로 하며 그것 없이는 쇠약해질 것이 틀림없다. 하지만 당신은 결코 그것을 득하지 못할 것이다. 랍비 미드라시에서 왕을 제재로 삼은 마샬과 대조적으로 여기서 픽션적 수단은 제 신학적 참조물에 니힐리즘적인—'니체적인'이라고도 할 수 있을까?—장난을 친다. 왜냐하면 끝없이 전달이 유예되는 전언은 살아 있는 신이 아니라 우리가 마지막에서 둘째 문장의 끝부분을 읽고 작은 충격을 느끼면서 깨닫듯 한 명의 망자가 말한 것이기 때문이다.[8] 그렇기에 「황제의 전언」은 어떻게 카프카가 전통에 대한 최소한의 보증이나 위안도 스스로에게 허락하지 않고서 전통의 과정에, 과거의 계시적이며 위엄 있는 순간을 향한 그 과정의 지향에 사로잡혀 있었는지를 극명하게 예증한다.

한층 명시적으로 과거를 현재와 대면시키며 계시보다는 주해를 다루는 「신임 변호사Der neue Advokat」는 현대에 이르러 전통이 단절된 상황을 슬쩍 부조리 희극으로 전환시킨다. 제목에 나오는 변호사는 부케팔로스 박사로, 이는 알렉산대 대왕의 군마로 유명한 말을 변호사이자 법을 공부하는 인물로 바꾼 것이다. 화자가 지적하길 고대에 영웅은 알려진 모든 세계를 정복하겠다고 꿈꿀 수 있었지만 그 이후 수많은 것이 변했다. "오늘날에는—아무도 이를 부인하지 못한다—알렉산더 대왕이 없다." 불화와 사소한 배신 때문에 칼을 휘두르는 일은 많다. 하지만 누구도 인도로 가는 길을 이끌지 못한다. 이제 부케팔로스는 무력 충돌과 제국을 위한 투쟁 따위는 생각조차 않는다. "기병 허벅지에 옆구리를 눌리는 일도 없고 전투의 함성에서도 멀리 떨어져 자유로운 그는 고요한 등불 아래 우리의 고서를 읽으며 책장을 넘긴다."[9] 이 결론부 이미지가 『걸리버 여행기』 4부의 반半의식적 회상을 반영하고 있는지도 모르겠다. 어떻든 이 이미지는 슬픔과 필연적인 어긋남의 감각을 실어 나른다. 이제는 과거와 같은 위대한 업적을 달성할 수 없으며 어쩌면 그 업적들이 단념된 것이 오히려 다행인지도 모른다. 덜 흥미진진하고 더 문명화

8 Kafka, *The Complete Stories*, pp.4-5[『변신: 단편 전집』(개정 2판), 240쪽].

9 Ibid., p.415[같은 책, 210쪽].

된 법의 지배를 위해 칼의 지배를 포기했다는 뜻일 수도 있으니 말이다. 법은 적용되려면 세심하게 공부되고 이해되어야 하니 이것이 부케팔로스가 비유담 말미에 착수한 일이다. 하지만 네 발 달린 변호사가 앞발굽으로 두꺼운 고서 책장을 넘기는 모습은 어쩐지 우스꽝스러우며 온전히 확신을 안겨 주지도 못한다. 우리는 이런 궁금증을 품게 된다. 이 나이 든 역마役馬가 우리의 고대법을 보고 무엇을 이해할 수 있을까? 황제의 전언이 우리에게 실제로 도달하더라도 확신을 가지고 그 의미를 해석할 수 있는 이가 우리 가운데 있을까?

벤야민은 별난 법학자 부케팔로스가 카프카가 그린 포스트-전통 세계의 상징이라는 인상을 받았다. 카프카론 거의 마지막 부분에서 그는 "정의에 이르는 문은 공부"라고 지적한다. 이는 부케팔로스에게 구체적으로 준거해 랍비 유대교의 한 중심 이념을 언명한 것이다. 하지만 그는 전통적 가치와 관행이 여기서 불길하며 아마도 되돌릴 수 없을 변형을 겪었다는 사실을 알아챈다. "그럼에도 카프카는 감히 이 공부를 전통이 토라 공부와 결합시켰던 약속들과 결합하지는 않는다. 그의 조수들은 제 기도의 집을 잃은 교회지기며, 그의 학생들은 글[성서]을 잃어버린 제자다."[10] 곧 보겠지만 이 마지막 언급은 예를 들어 「황제의 전언」이 암시하듯 카프카의 주인공들이 실제로 거룩한 글[성서]을 박탈당했는지 아니면 「신임 변호사」의 결론 이미지로 추론할 수도 있듯 이들이 오히려 저희로서는 해독할 수 없는 거룩한 글

---

10 Benjamin, *Illuminations*, trans. Harry Zone, New York, 1968, p.139[「프란츠 카프카」, 『발터 벤야민의 문예 이론』, 95-96쪽].

과 대면했는지를 두고 벤야민과 숄렘 사이에서 편지 논쟁을 촉발했다. 언뜻 이 입장 차가 사소해 보일 수도 있지만 부재하는 계시와 이해 불가능한 계시의 대립에서 관건이 될 수도 있는 것을 숙고할 필요가 있다.

이를 고찰하기 전에 예비적으로 두 사람이 상이한 경로를 따라 계시 이념으로 거슬러 올라갔음을 떠올릴 필요가 있다. 숄렘의 경로는 글로 쓴 말written word, 즉 성서로 거슬러 올라가는 주석이나 난외 주석이며 성서 자체는 기원전 첫 천 년간의 언젠가 "영원한 기층[근거] 속에 퇴적되었던" 히브리어 단어들이 고정된 순서로 배열된 것이다. 앞서 충분히 살폈듯 벤야민 역시 글로서의 진리라는 매우 유대적인 이 이념에 매혹되었지만 하나의 계시 경험으로 돌아가는 그의 상상적 노정은 글로 쓴 말[이라는 관념]을 오직 부수적으로만 수반했다. 그는 생애 마지막 11년간 거듭 자신을 끌어당긴 아우라 개념에 초점을 맞추어 계시를 사유했다. 1936년 논고 「기술 복제 가능성 시대의 예술 작품Das Kunstwerk im Zeitalter seiner technischen Reproduzierbarkeit」에서 명확히 밝힌 바에 따르면 아우라는 성스러운 것의 영역과 강하게 결부되어 있으며 "예술 작품의 제의 가치"를 표상한다.[11] 공간 측면에서 이해된 아우라는 침범 불가능한 거리를, 가까이 다가갈 수 없음을 수반한다(신이 출현하는 순간의 시나이산, 아우라로 가득한 곳이 완벽한 범례일 것이다. "백성에게는 산에 오르지도 말고 가까이 오지도 말라고 경고해라. 산에 들어서면 누구도 죽음을 면하지 못할 것이다." 「출

11 Ibid., p.245[『기술 복제 시대의 예술 작품·사진의 작은 역사 외』, 최성만 옮김, 길, 2007, 53쪽].

애굽기」 19장 12절). 하지만 이를 넘어 벤야민은 한층 특징적인 시간 측면에서도 아우라를 사유한다. 상상된 하나의 대상은 신이 깃든 가치를, 성스러운 것의 효과를 지닌다고 느껴지는데 왜냐하면 그 대상이 풍부한 기억을 담고 있기 때문이다. 그리하여 보들레르론에서 그는 아우라가 "본디 무의지적 기억mémoire involontaire에 자리 잡고 있으며 지각 대상 주위에 모여드는 경향이 있다"고 정의한다.[12] 따라서 아우라가 작용하는 주된 영역은 역사나 집합적 경험이 아니라 개별 의식이 된다.

하지만 벤야민의 아우라와 유대 전통이 이해한 천둥 번개가 내리치던 시나이산의 계시는 몇 가지 점에서 구조적으로 유사하다. 둘 모두 진리의 역능이 과거에 위치해 있으며 과거에서 포착되거나 '회복'되어야 한다고 이해한다(벤야민이 「이웃 마을」을 읽고 상상한 기억[이라는 개념]이 그렇듯 번개 같은 찰나의 순간에 계시적 기원 지점을 회상하기). 둘 모두에게 진리와 가치는 일상 영역에 난입하는 식으로 드러나며 결코 인간 자유의지에 좌우되지 않는다. 관련해 벤야민은 아우라를 있는 그대로의 단순한 기억이 아니라 무의식에서 갑자기 밀려들어 오는 무의지적 기억과 결부시킨다. 나아가 기억된 것은 이렇게 일종의 고갈되지 않는 의미론적 수원이 되어 한없는 의미를 산출한다. 숄렘이라면 이것이 카발라주의적 토라관이라고 특징지었겠지만 말이다. 벤야민은 프루스트론에서 이렇게 쓴다. "경험된 사건은 유한하며 어쨌든 경험의 한 영역에 국한되어 있다. 기억된 사건은 무한하니 그 사건 전후

---

12 Ibid., p.188[「보들레르의 몇 가지 모티프에 관하여」, 『보들레르의 작품에 나타난 제2제정기의 파리·보들레르의 몇 가지 모티프에 관하여 외』, 김영옥·황현산 옮김, 길, 2010, 236쪽].

에 벌어진 모든 일을 이해하는 유일한 열쇠기 때문이다."[13]

기억의 현현력을 이렇게 강조할 때 그로부터 도출되는 사실은 미학적 경험 일반이 무엇보다도 우선 문화가 고안한 가장 강력하고도 미묘한 연상 장치mnemonic라는 것이다. 벤야민은 보들레르와 관련해 다음과 같은 관찰을 제시한다. "아름다움을 목표로 삼는 한, 그리고 규모 면에서 아무리 소박하건 아름다움을 '재현'하는 한 예술은 (파우스트가 헬레나를 불러내듯) 시간의 자궁에서 아름다움을 불러낸다."[14] 모종의 태고적이고 원형적인 과거의 회복이라는 제언은 프루스트가 개인의 기억에 초점을 맞춘 것과 닮은 점이 별로 없어 보인다. 하지만 벤야민은 프루스트적인 경험이 인간 실존과 관련된 보편 법칙들의 계시를, 의식이 시간성 자체와 맺는 관계의 계시를 수반한다는 것을 알아차리고 있다. 개인 수준의 계시적인 무의지적 기억은 규모가 작지만 이 규모에서 일어나는 일은 민족적 규모의 기억에서도 일어나며, 괴테가 『파우스트』에서 헬레나를 불러낸다는 사실이 이를 상징한다. 권위와 미학적 힘의 원천으로서 태고적인 것은 상당수 모더니스트에게 매력을 뽐냈다. 카프카의 픽션이 비밀스러운 선조들의 제스처로 이루어진 "선사 세계"를 재현한다는 벤야민의 관념을 받아들인다면[15] 이 매력이 카프카의 작품에서도 제

---

13 Ibid., p.202[「프루스트의 이미지」, 『서사·기억·비평의 자리』, 최성만 옮김, 길, 2012, 237쪽].

14 Ibid., p.189[「보들레르의 몇 가지 모티프에 관하여」, 『보들레르의 작품에 나타난 제2제정기의 파리·보들레르의 몇 가지 모티프에 관하여 외』, 239쪽].

15 [옮긴이] 이는 「프란츠 카프카」, 『발터 벤야민의 문예 이론』, 66쪽에 나오는 표현이다.

역할을 해낸다고 할 수 있을 것이다(아그논의 1950년 중편 「에도와 에남Edo ve-Enam」을 읽었다면 벤야민은 틀림없이 호기심을 느꼈으리라. 이 작품의 주인공은 헬레나의 그리스보다 더 태곳적의 과거에서 아름답고도 수수께끼 같은 한 여성을 불러내는데 이는 그 주인공이 사실상 『파우스트』 3부를 집필하고 있음을 암시한다). 거듭 '심연들'에 끌렸던 숄렘은 태고적인 것의 매력을 유대 전통의 경험 안에 위치시키는데, 이중의 의미에서 즉 한편으로는 천 년을 거슬러 올라가는 파묻힌 텍스트들의 자취를 드러내고 다른 한편으로는 일종의 고고학적 문헌학 연구를 통해 일신교에 앞서는 억압된 고대 신화들을 유대 신비주의 안에서 찾아냄으로써 그렇게 한다.

벤야민은 시간의 자궁에 숨겨진 것에 대한 기억이 갖가지 방식으로 스스로를 드러낼 수 있음을 분명히 알았다. 그런데 그가 개인적으로 접근할 수 있었던 방식은 미학적 경험이었고 그는 이를 기시감에 대한 지각—아우라 현상의 수신자 몫이라 할 수도 있을—과 결부시키곤 했다. 『모스크바 일기*Moskauer Tagebuch*』의 1926년 12월 24일 일기에서 그는 박물관에 갔다가 유달리 아름다운 세잔의 회화를 본 다음 이렇게 적는다. "내가 보기에 한 편의 그림을 이해하는 것은 우리가 어떤 식으로든 그 그림의 공간에 진입하는 것이 아니다. 오히려 이 공간이 먼저 아주 특정하고도 다양한 지점에서 돌진해 나온다. 이 공간은 우리가 아주 중요한 과거 경험들을 찾을 수 있다고 믿는 각도와 구석에서 자신을 열어 보이며, 저 지점들에는 불가해하지만 친숙한 무언가가 있다."[16] 이처럼 기시감의 연상력이 개인적임을 염려한 벤야민

16 Benjamin, *Moscow Diary*, trans. Richard Sieburth, Cambridge, Mass., 1986,

은 과거에 계시된 것에 대한 유대 전통의 지향에서 어떤 집합적 지혜—그 자신이 직접 참여할 수는 없었던 지혜지만—를 보았다. 그는 「역사의 개념에 대하여」 종결부에서 "잘 알려져 있듯 유대인은 미래를 연구하는 일을 금지당했다. 하지만 토라와 기도는 유대인에게 기억하는 법을 가르친다"라고 쓴다.[17] 그로서는 내딛기 어렵다고 느낀 상상적인 두 걸음이 있었다. 하나는 과거의 풍경에 대한 유대적 초점에서 미래의 구원에 대한 유대적 기대로 나아가는 걸음—「역사의 개념에 대하여」 말미에서 충분히 설명하지 않은 채 진술한 역설—이었고 다른 하나는 기시감이라는 사적이고 미학적인 계시에서 유대 전통이 모체로 삼은 집합적 계시 기억으로 나아가는 걸음이었다. 이 쟁점들 중 둘째는 카프카의 픽션 세계에서 계시가 맡은 역할을 두고 그와 숄렘이 벌인 논쟁과 엮여 있다.

앞서 지적했듯 벤야민과 숄렘은 1920년대 후반부터 편지로 카프카에 관해 여러 차례 치열하게 의견을 나눴다. 1934년 초여름 벤야민은 카프카론의 초고와 수정본을 보냈고 이는 같은 해에 시온주의 신문 『유대 평론』에 게재되었다. 이 주제가 두 사람에게서 차지한 중요성을 고려하면 벤야민이 숄렘의 반응을 열렬히 기대했다는 사실, 그리고 숄렘이 커다란 반가움뿐 아니라 본질적인 논점 하나를 두고 분노에 가까운 반대도 표했다는 사실에는 놀라울 것이 거의 없다. 실제로 3년 전인 1931년 8월 1일

---

p.42[『모스크바 일기』, 김남시 옮김, 길, 2015, 105쪽].

17 Benjamin, *Illuminations*, p.266[『역사의 개념에 대하여·폭력비판을 위하여·초현실주의 외』, 최성만 옮김, 길, 2008, 349쪽].

편지에서 숄렘은 카프카 작품에 나타난 계시의 문제라는 쟁점을 제기하면서 카프카의 "언어 세계"가 "지고로 정전적인 형식의 산문성"을 나타낸다고 말했다.[18] 그러고는 독일 문학에는 카프카에게 어울리는 자리가 없다고(카프카론을 보건대 벤야민도 이 생각을 공유했던 듯하다), 대신 욥기를 배경 삼아 "유대 문학과의 연속선상에서" 그를 사유해야 한다고 제안했다. 벤야민더러 이 흐름을 좇아야 한다고 촉구하면서 숄렘은 [다른 한편으로] "[당신의] 비평이 그 주제만큼이나 비의적이게 될 것"을 우려—벤야민의 글은 이 우려가 옳았음을 입증했다—하기도 했다(우리는 브레히트가 대중에게 유용해야 한다는 점을 기준으로 내세우며 비의주의에 불쾌함을 표했음을 보았다). 숄렘이 관찰하기로 "여기에서처럼 무자비하게 계시의 빛이 타오른 적이 없습니다. 이것이 완벽한 산문의 신학적 비밀입니다". 특징적인 점은 숄렘과 벤야민 모두 카프카에 관한 견해를 되도록 비의적으로 표현해야 했기에 상대방이 진정으로 뜻한 바가 무엇인지 서로에게 물어야 했고 따라서 제3자가 이 모든 어려움을 해소할 수 있으리라고 기대하기란 거의 불가능하다는 것이다. 숄렘의 편지는 카프카 작품에 나타나는 계시의 원천과 본성이 무엇인지 결코 분명하게 밝히지 않으며, "최후의 심판 …… 은 하나의 즉결 심판Standrecht입니다"라는 간결한 진술로 계시의 내용을 암시—그가 『소송』을 고려하고 있었던 것은 분명하다—할 따름이다. 하지만 카프카론을 두고 나눈 의견 교환에서 숄렘은 계시의 내용에 관해 [벤

18 이 편지는 Gershom Scholem, *Walter Benjamin: The Story of a Friendship*, trans. Harry Zone, Philadelphia, 1981, pp.169-174에 옮겨져 있다[1장 44-45쪽 참조].

야민보다] 여전히 한층 근본적인 관점을 취한다. 그가 맹렬하게 의견을 피력한 1934년 7월 17일 편지를 보자.

> 카프카의 세계는 계시의 세계입니다. 물론 계시가 자신의 고유한 무로 돌아간다는 관점에서 이해된 세계지만요. 이 측면을 부정하는 당신의 생각을 저는 받아들일 수가 없습니다. …… 계시된 것의 이 **실현 불가능성**Unvollziehbarkeit이야말로 **올바르게** 이해된 신학과 …… 카프카 작품을 이해하는 열쇠를 제공하는 것이 가장 완벽하게 일치하는 지점입니다. 친애하는 발터, 계시의 문제는 그것이 어느 전-애니미즘적präanimistischen 세계에 **부재**한다는 것이 아니라 **실현 불가능**하다는 것입니다. 우리는 이 점을 이해해야 해요. 당신이 마지막 부분에서 말한 제자들은 글[성서]을 잃어버린 이들보다는 …… 글[성서]을 해독할 수 없는 학생에 가깝습니다.[19]

당연히 벤야민은 계시의 무Nichts der Offenbarung라는[계시가 무라는] 발상을 명확히 이해하고 싶어 했다. 이와 더불어 비의적인 것을 비의적인 것으로 쳐낸 답신(1934년 7월 20일)에서 그는 이 이미지를 전유해 카프카가 "무의 안감" 내부에서 "구원을 향한 자신의 길을 느끼려" 시도했다는 헤아리기 어려운 말을 던졌다. 이를 통해 뜻한 바가 무엇이든 그는 숄렘이 주장한 부재하는 계시와 불가해한 계시의 구분이 중요하지 않다 생각했고 3주 후에

19 *Benjamin-Scholem Correspondence*, pp.126-127. 강조는 숄렘.

보낸 편지(1934년 8월 11일)에서 이를 명확히 밝혔다. "제자들이 그것[성서—지은이]을 잃어버렸든 해독할 수 없든 결과는 같습니다. 왜냐하면 그것을 여는 열쇠가 없는 한 글[성서]은 글이 아니라 삶이기 때문입니다. 성이 서 있는 언덕 기슭 마을에서 살아가는 삶 말이죠."[20] 1934년 9월 20일에 숄렘이 보낸 답신은 그가 [훗날] 계시에 대한 자기 발상의 수수께끼를 설명하고 잃어버린 것과 해독 불가능한 것의 구분이 중요함을 옹호했을 때와 매우 유사한 내용을 담고 있다.[21]

"계시의 무"라는 제 말의 의미가 궁금하다고 하셨죠. 제가 이야기하려 한 것은 계시가 아무런 내용을 지니지 못함에도 불구하고 유지되는 상태, 즉 **의미는 지니지 않지만 효력은 발휘하는** 상태입니다. 의미의 풍부함을 잃어버린 상태, 나타나는 과정 중에 있는 것(계시란 바로 그러한 과정이므로)이 여전히 사라지지 않고 있는 상태—비록 그것이 말하자면 자기 내용의 영점으로 축소되더라도—인 것이죠. 명백히 이는 종교적인 의미에서 하나의 경계 사례며 계시가 정말로 발생할지는 매우 의심스럽습니다. 정말이지 저는 제자들이 '글[성서]'을

20 Ibid., p. 135. [옮긴이] 이 편지의 핵심 부분은 하워드 아일런드·마이클 제닝스, 『발터 벤야민 평전: 위기의 삶, 위기의 비평』, 김정아 옮김, 글항아리, 2018, 607-608쪽에도 번역되어 있다.

21 [옮긴이] 여기서 지은이가 명시하고 있지는 않지만, 이어지는 부분에서 「유대교의 종교 범주로서 계시와 전통」을 3장에 이어 다시 언급하고 있고, 그 글의 중심 주제가 계시 및 성문 토라의 무한성과 불가해성, 해석 활동을 통한 구전 토라와 전통의 수립임을 감안하면 「유대교의 종교 범주로서 계시와 전통」을 염두에 두고 있는 것 같다.

> 잃어버린 것인지 해독할 수 없는 것인지는 중요하지 않다는 당신의 견해를 공유할 수가 없습니다. 그리고 저는 이것이 당신이 이제까지 범한 것 중 가장 중대한 오류라고 생각합니다. 계시의 무를 말한 것도 정확히 이 두 입장의 차이를 특징짓기 위해서였습니다.[22]

내 제안은 이 정식과 한 달 전 편지의 정식 사이에 작지만 결정적인 차이가 하나 있다는 것이다. 어쩌면 숄렘이 보인 특정한 양가성이 이 차이에 반영되어 있을지도 모르겠다. 두 정식은 그가 내린 역설적인 정의, 즉 카프카가 종교와 니힐리즘의 경계에 위치한 작가라는 정의의 두 측면에 상응한다. 여기서 계시의 "영점"은 니힐리즘에 이르기 직전까지 떠밀린 종교를 환기시키며 숄렘은 "계시가 정말로 발생할지"에 의구심을 표한다. 대조적으로 7월 17일 편지에서 그는 카프카 작품에 나타나는 계시의 무를, 따라서 계시의 실현 불가능성을 밑줄로 강조한 "**올바르게** 이해된 신학"—즉 카프카적인 신학뿐 아니라 신학 일반—으로 특징지어지는 것의 극단적이고 범례적인 사례로 이해한다. 계시는 숄렘이 역사가로 연구한 유대 전통의 한 이념일 뿐 아니라 그가 더할 나위 없이 진지한 태도로 인간의 피조물적 실존 근저에 자리 잡은 현상이라고 생각한 무언가다. 그의 계시 이해가 근본적인 성격을 지닌다는 사실은 경직된 제도적 종교 메커니즘들만이 우리로 하여금 계시가 명료하게 성문화할 수 있는 내용을 지닌다고 상상하도록 이끈다는 그의 감각(카발라가 뒷

22 Ibid., p.142. 강조는 숄렘.

받침하는)에서 드러난다. 1934년 7월 17일 편지에 등장하는 무 관념은 사실 1년 반 전에 발표한 글에서 아포리즘으로 표현한 발상에 근거를 두고 있으며 이 아포리즘은 실제로 벤야민에게 깊은 인상을 남겼다. "절대적으로 구체적인 것은 결코 완전히 실현될 수 없다"(벤야민이 보낸 1933년 2월 28일 편지를 보라).[23] 20년 후 숄렘은 「유대교의 종교 범주로서 계시와 전통」에서 이 발상을 자신의 계시 정의로 반복하고는 이렇게 말한다. "카발라주의에서 전통이라는 이념은 정확히 이 역설이 빚는 변증법적 긴장 위에서 정초된다. 실현의 우연성들 속에 있는 끝없는 반영들에 영향을 미치는 것이 바로 절대성이다."[24] [숄렘은] 무를 환기함으로써 계시가 확고하고definite 정의될 수 있는definable 무언가여야 한다는 관습적인 가정을 위반한다. 아마도 숄렘은 카발라주의적 우주 생성론을 마음 한구석에 품고 있었을 것이다. 이에 따르면 무한자인 아인 소프'Eyn Sof는 신의 태곳적 무를 뜻하는 아인'Ayin의 매개를 통해 스스로를 창조된 세계로 변형한다. 그렇다면 카프카의 여러 제자, 즉 법의 옹호자[변호사]와 학생과 희생자가 이해에 저항하는 글scripture들을 면밀히 검토해야 한다는

---

23 [옮긴이] 벤야민은 이렇게 말한다. "'절대적으로 구체적인 것은 결코 완전히 실현될 수 없다.' 이 말은 (신학적 관점은 치워 두면) 카프카에 관해 한스-요아킴 쉽스가 평생 이해할 수 있는 것보다 더 많은 것을 이야기해 줍니다. 막스 브로트는 이를 이해할 능력이 없었죠. 그리고 저는 이 말이 당신 사유에서 아마도 가장 이른 시기에 형성된 동시에 가장 깊숙이 자리 잡았을 층들에 간직되어 있는 금언이라고 생각합니다." 또한 숄렘은 서한집 해당 부분에 각주를 달아 "30년 후" 「유대교의 종교 범주로서 계시와 전통」에 "이 주장을 (약간 수정해) 포함했다"고 언급한다. *Benjamin-Scholem Correspondence*, p.28.

24 Scholem, *The Messianic Idea in Judaism*, New York, 1971, p.296.

사실은 언제나 계시 수여의 본래적 과정이라 할 수 있는 것의 현대적 판본 중 하나일 뿐이다. 약간 다르게 표현하면 이는 카발라에서 이해하는 대로 계시의 그늘진 밑면을 유심히 들여다보는 것이다. 카발라주의 해석의 왕성한 생산력이 저 밑면을 감추기는 하지만 말이다.

벤야민과 벌인 논쟁에서 숄렘이 견지한 본질적인 요점은 우리가 속한 세계가 궁극적인—비록 궁극적으로 불가해하지만—의미론적 힘을 지닌다는 것이다. 무언가가 언제나 존재의 근거에서부터 "나타나는 과정" 중에 있으며 제 효력의 순전한 힘으로 스스로를 우리에게 부과하니, 어려움 없이 이해할 수 있는 의미를 결국에는 지니지 않음에도 그렇다. 제자들이 단순히 저희의 거룩한 글을 잃어버렸다고 말하면 종교적 아나키스트인 숄렘이 인정하기를 꺼린 것, 즉 인간 의식과 궁극적 존재 사이에 그 어떤 연관 관계도 없음을 인정하는 셈이 된다. 그는 거듭 욥을 카프카와 연결하는데 이는 판결[판단]과 불가해한 정의라는 주제 때문만이 아니라 내 짐작으로는 계시에 대한 욥의 이단적 판본 때문이기도 하다. 욥이 처한 곤경을 '해소'하는 것은 무엇보다도 계시다. 신이 그의 시를 듣고 폭풍을 내리치며 일갈할 때 우리는 순전한 우주적 힘이라는 눈부신 비전에, 그리고 인간의 체계—위계적이고 인간 중심적인 창조라는 성서 자체의 상을 포함해—를 산산조각 내는 힘의 섬뜩한 아름다움이라는 비전에 휩쓸린다.

숄렘은 카프카의 픽션에서 계시의 빛이 무자비하게 타오른다고 말한다. 내 생각에 이는 카프카가 작품에서 계시 현상을 픽션으로 재현했다고 지적하는 것일 뿐 아니라 **계시 경험**에 대한 "완벽한 산문"을 써 냈다고 언급하는 것이기도 하다. 요구가 많고, 잡힐 듯하다가도 파악을 피해 가며, 우리를 당혹케 만들고, 의미의 부재와 결합된 압도적인 효력이라는 자신의 내생적 영점으로 밀어붙이는 계시를 말이다. 이 관념은 카프카가 일기에서 새로운 카발라의 창조를, 그가 실제로 쓴 표현에 따르면 위에서 가해진 공격을 제안했다는 생각과 맞아떨어지며, 훗날 숄렘이 카프카를 이단적 카발라주의자라고 칭했을 때도 분명 이 관념을 마음에 품고 있었을 것이다. 끝도 없이 다의적인 힘을 내보이는 고대 히브리 텍스트들을 강도 높게 주석한다는 모델을 중요히 여기고 또 언제든 활용할 수 있었던 숄렘은 이렇게 선뜻 카프카를 대담한 유대 신비주의라는 지속적인 흐름에 속한(그 흐름의 종점은 아니더라도) 무의 주해가로 이해했다. 인간 언어에 절대적인 것이 난입한다는 생각보다는 기억 깊은 곳에서 아우라가 미학적으로 촉발되어 개화한다는 발상을 통해 과거의 계시력을 상상한 1930년대의 벤야민은 카프카의 세계에서 아우라의 그 어떤 실현도 발견할 수 없었다. 반대로 그는 인간이 자기 자신과 동료 인간 모두에게서 소외되는 현상을 카프카가 뛰어나게 극화했다는 사실에 주목했으며, 이 소외를 영화 및 사진과, 얼마 후 현대의 아우라 상실을 설명하면서 강조한 기술 복제 절차와 날카롭게 결부시켰다. 카프카의 주인공이 가치의 성스러운 원천(아우라에서의 그 미학적 등가물을 포함해)에서 잘려 나와 있다고 보았기에 벤야민은 제자들이 더는 거룩한 글을 가지고 있지 않다고, 혹은 거룩한 글로 알려진 텍스트를 보유했지만 해독할 수는 없다면 이는 그 글을 가지고 있지 않은 것이나 마찬가지라고 어려움 없이 상상할 수 있었다.

숄렘과 벤야민, 카프카는 종교 전통과 현대 세속 문화 사이에 위치한 무인지대의 서로 다른 지점에 서 있었으며, 이 지점들은 셋 중 누구에게서도 완전히 고정되어 있지 않았다. 그래서 그것들의 자리를 정의하기란 쉽지 않다. 숄렘은 평생을 종교 텍스트 연구에 바쳤다. 적어도 한 시점에 그는 가수 상태를 유도하는 카발라주의적 명상 기법들을 실험했다. 그는 강력한 유대 역사 해석을 발전시켰으며 이를 통해 유대교가 제 궁극적 근거로 내세우는 초월과의 마주침이 변함없는 효력을 발휘한다고 암묵적으로 주장했다. 동시에 그는 학술적인 신비주의 연구자였지만 인터뷰에서 거듭 설명하려 애썼듯 실제로 신비주의자는 아니었다. 그리고 유대 역사를 이해하고자 하면서 그가 사용한 지적 도구는 세속 가치 영역과 연결된 경험 연구의 도구들이었다. 숄렘이 반복해 역설했듯 벤야민은 본질적으로 형이상학적 기질을 지녔고 뿐만 아니라 확실히 유대 전통의 신비주의적 개념과 전승들에 매혹을 느꼈다. 그가 종교적 관심들을 완전히 버린 적은 없지만 맑스주의를 받아들인 이후 그것들은 대개 일종의 지적 사후 세계에서 일련의 잠재적 개념, 이미지, 상징으로 존속했고, 자신을 전통의 경계 너머에 위치시킨 한 사상가가 전통에 느낀 깊은 향수를 표현하는 수단으로 이용되곤 했다(벤야민의 『일방통행로』를 읽고 숄렘이 지은 시의 구슬픈 마지막 연을 다시 한번 떠올릴 수도 있으리라. "우리는 경건하지 않다. / 우리는 여전히 속세에 머물러 있으며, / 한때 신이 서 계시던 자리에 이제는 멜랑콜리가 서 있다"). 카프카가 종교적 경험과 맺은 관계는 셋 중 가장 뚜렷하게 역설적이다. 주석가들은 때로 그의 작품을 자기 심리 전기 혹은 사회정치적이거나 종교적인 알레고리로 환원하지만 실제로 그는 글쓰기를 통해 한층 대담하고 힘겨운 과업에 착수했다. 이 과업이란 그로서는 아마도 믿을 수 없었을, 만약 믿었다면 유해하며 도착적이라고 확신했을 초월적인 것의 영역을 자기 자신에게 노출시키는 것 혹은 상상력을 통해 그 영역을 붙잡는 것이었다. 카프카의 산문에서 "계시의 빛"을 본 숄렘은 번민에 빠진 이 소설가가 자신이나 벤야민보다 더 직접적으로 신학적인 것과 대면했다는 사실을 알아차렸으며 두 친구가 그를 "정전적인" 현대 작가로 여긴 것도 궁극적으로 이 때문이다. 하지만 위축되지 않고 초월적인 것을 직접 대면했기 때문에 카프카의 글에는 또한 초월적인 것을 부정하는 측면이, 그것의 가장假裝들을 무자비하게 풍자하고 폭로하는 측면이 존재한다. 그리고 계시의 무를 말한 둘째 편지에서 숄렘이 영점이라는 발상을 강조하고 그런 것이 정말로 생겨날 수 있을지 의구심을 표했을 때 암시된 것이 바로 이 부정적 측면이다.

세 작가가 빛과 관련된 유대 전통 전승들에 사로잡힌 마당에 천사들, 때로는 명시적이고 때로는 변장한 천사들이 이들의 상상 세계를 부유했다는 사실에는 놀라운 점이 전혀 없다. 세 사람이 천사를 문학적으로 목격한 방식을 고찰하면 저희가 공유한 정신적 무인지대에서 이들이 제각기 서 있던 곳을 적어도 잠정적으로 이해할 수 있을지도 모른다. 1921년 벤야민은 수채화가 가미된 유화로 전해에 그려진 파울 클레의 〈새로운 천사〉를 구입했다. 숄렘의 증언에 따르면 나머지 생애 동안 벤야민은 이 작품을 일종의 정신적 부적이자 명상의 초점으로 삼아 간직했다. 그는 그림을 숄렘에게 유증했고, [숄렘이 사망하고 몇 년 뒤] 부인이 이스라엘 미술관에 기증한 1989년까지 예루살렘의 아바르바넬가에 있던 그의 집 거실에 걸려 있었다. 1920년대 초 언젠가 벤야민은 자신이 창간을 제안한 지적 잡지의 명칭으로 이 그림 제목을 사용하기도 했다. 벤야민과 숄렘은 편지에서 이 그림을 여러 차례 불쑥 언급했고, 1933년 9월 19일 편지에서 숄렘은 「천사의 인사Gruss vom Angelus」라는 7연 4행시를 첨부했다.[25] 천사가 화자로 등장하는 이 시는 클레의 작품을 언급하면서 시작하며("나는 고결하게 벽에 걸려 있다") 이어 천사가 제 소명을 사색한다. 처음에 그는 자신이 한 명의 천사 인간ein Engelsmann이라고 밝히지만 인간적인 요소보다는 신적인 기원에, 즉 자신을 전령으로 보낸 "신중하고 깊숙하며 또렷한 …… 저 세계", 뒤를 응시한 채 돌아가기를 갈망하는 그곳에 더 관심을 보인다. 되돌아가고 싶은 천사의 욕망을 상세히 설명하는 다섯째 스탠자("펼쳐들 준비를 마친 내 날개, / 나는 기쁜 마음으로 돌아갈 텐데")는 벤야민이 「역사의 개념에 대하여」의 아홉째 테제(뒤에서 이를 간단히 살펴볼 것이다)에서 제사로 삼기도 했다. 숄렘의 시는 천사가 천상의 성격을 지닌 존재, 즉 인간보다는 천사에 가까운 존재고 그의 소명이 무언가를 알리는verkünden, annunciate[26] 것임을 강조하며 그림

---

25 *Benjamin-Scholem Correspondence*, pp. 79-81에는 이 시의 독일어 원문도 실려 있는데 영어 번역은 얼마간 어색하다. 이어지는 이 시 인용은 내가 직접 번역한 것이다.

26 [옮긴이] 독일어 Verkündigung과 영어 annunciation은 대천사 가브리엘이 마

으로써 천사를 세속적인 인간적 역할 및 노력의 알레고리로 바꾸기를 거부한다. 우리가 계시 이념에 관해 관찰한 바와 관련해서는 결론부 네 행이 특히 시사적이다.

> 나는 비상징적인 사물,
> 이것이 나라는 존재의 의미다.
> 당신은 헛되이 마법 반지를 돌리지만,
> 나는 아무런 감각도 지니지 않는다.

이것은 가장 일신교적인 천사로, 현실이 일관된 의미들을 실어 나르는 이미지와 이야기의 네트워크로 표상될 수 있다는 신화의 가정(이것이 천사의 유래다)에서 등을 돌린다. 숄렘의 "비상징적인" 천사는 자신의 정체성과 자신이 선포하는 것을 인간의 의미 체계로 번역하려는 그 어떤 시도에도 완강하게 저항한다. 카프카 작품과 카발라에서의 계시와 비슷하게 천사는 인간에게 말 거는 신성의 힘을 드러내지만 그 어떤 [독일어] 진Sinn도, 즉 그 어떤 감각이나 의미도 지니지 않는다.

히브리어와 그리스어 모두에서 천사들은 전통적으로나 어원상으로나 전령messenger이지만 숄렘의 시가 상기시키듯 벤야민은 〈새로운 천사〉를 명상하는 아홉째 테제에서 계시와 신적인 전언message의 영역에서 천사를 제거한다. 전체 텍스트를 보자.

리아에게 예수의 잉태를 알린 수태고지를 가리키는 표현이기도 하다.

파울 클레가 그린 〈새로운 천사〉라는 그림이 있다. 이 그림 속 천사는 자기가 응시하고 있는 무언가에서 금방이라도 멀어지려 하는 것처럼 묘사되어 있다. 눈을 크게 뜨고 있고 입은 벌리고 있으며 날개는 펼쳐져 있다. 역사의 천사도 바로 이렇게 보일 것임이 틀림없다. 그의 얼굴은 과거를 향하고 있다. 우리 앞에서 연쇄된 사건들이 전개되고 있는 바로 그곳에서 그는 잔해 위에 잔해를 쉼 없이 쌓고 이 잔해를 우리 발 앞에 내팽개치는 단 하나의 파국을 본다. 천사는 머물고 싶어하고 망자들을 깨워 일으키고 싶어 하며 산산이 부서진 것을 모아 다시 결합하고 싶어 한다. 그러나 낙원에서 폭풍이 불어오고 있고 그의 날개가 옴짝달싹 못 할 정도로 세차기 때문에 천사는 날개를 접을 수도 없다. 이 폭풍은 그가 등을 돌리고 있는 미래 쪽을 향해 간단없이 그를 떠밀고 있으며, 반면 그의 앞에 쌓인 잔해 더미는 하늘까지 치솟고 있다. 우리가 진보라고 일컫는 것은 바로 이러한 폭풍을 두고 하는 말이다.[27]

천사를 벤야민이 단호하게 제시한 방식으로, 즉 위축되지 않고 역사를 목격하는 행위—"우리 앞에서 연쇄된 사건들이 전개되고 있는 바로 그곳에서 그는 단 하나의 파국을 본다"—의 일반적인 알레고리로 받아들일지 여부와 롤프 티데만이 신중한 논고에서 제안했듯 천사에게서 역사 유물론자의 이미지를 볼지 여부 사이에는 작은 차이가 있다.[28] 본질적인 것은 벤야민의 사

27 Benjamin, *Illuminations*, pp.259-260[『역사의 개념에 대하여·폭력비판을 위하여·초현실주의 외』, 339쪽].

유에서 과거와 미래가 빚은 긴장이, 우리가 앞서 언급할 기회를 가졌던 그 긴장이 여기서 무시무시한 정점에 이르며, 역사 과정의 목표와 성격에 관해 그가 상상하려 하고 있는 것을 산산조각 내겠다고 위협한다는 것이다. 역사를 하늘까지 치솟은 잔해이자 계속되는 파국으로 이해하는 이 묘사는 당연히 [벤야민이 이 글을 집필하던] 순간을 반영하고 있다. 1940년 봄에는 유럽 대부분이 스와스티카의 그늘 아래 있었고 스탈린과 히틀러가 살인 협약을 맺었으니 말이다. 하지만 조화로웠던 과거에서의 끔찍한 소외, 궁극적으로는 에덴동산 추방이라는 옛 히브리 이야기에 기반을 둔 이 소외는 1920년대부터 벤야민을 장악한 발상이었다. 마지막 문장인 "우리가 진보라고 일컫는 것은 바로 이러한 폭풍을 두고 하는 말이다"는 쓰라린 아이러니로 이해하지 않을 수 없다. 맑스주의와 메시아주의를 품고 있던 그로서는 이 문장이 한층 긍정적인 의미를 띠기를 필사적으로 바랐겠지만 말이다. 어떻든 종교 상징주의 세계를 떠나 온 일종의 말문 막힌 난민인 천사는 숄렘의 시에서와 달리 천상과 지상 사이에 세워진 수직축이 아니라 낙원 같은 기원이라는 꿈과 역사의 오랜 파국 끝에 오게 될 것(그것이 무엇이든)의 상상 불가능한 풍경—이것이 단순히 하나의 악몽으로 판명 날까?—사이에 놓인 시간축에 위치한다. 이 이미지는 벤야민이 현대 문학과 문화를 다룬 논고들에서 환기한 이미지보다 한층 과격하고 한층 폭력적이지만 효과는 동일하다. 전통의 도상학에 초점을 맞춤으로써 세속적

28 Rolf Tiedemann, "Historical Materialism or Messianism? An Interpretation of the Theses 'On the Concept of History'", in *Benjamin: Philosophy, Aesthetics, History*, ed. Gary Smith, Chicago, 1989, pp. 175-209.

모더니티의 재난들—경험의 부식, 지혜의 퇴락, 구원적 시야의 상실, 그리고 이제 1940년대에는 대량 살육의 보편적 지배—을 한층 날카롭게 정의한다는 목적에 기여하게 되는 것이다. 여기서 천사는 천사 인간을 알리고 있는 것이 아니라 인간을 목격하고 있으며, 가상이라고는 전혀 없는 사물들을 바라보는 지독한 힘을 타고났다고 알레고리적으로 묘사된다.

카프카가 목격한 천사는 1914년 6월 25일 일기에 기록되어 있다. 1인칭으로 쓰인 이 일기는 완성하지 못하고 중단한 이야기 아니면 더 발전시키지 않고 정식 발표를 포기한 이야기의 초고처럼 보인다. 셋방 세입자인 화자는 들뜬 상태와 지루함을 동시에 느끼며 종일 방안을 왔다 갔다 한다. 저녁 무렵에 그는 보기 드문 사건을 목격한다. 회반죽된 흰색 천장이 미세하게 떨리기 시작하더니 이내 금이 생기고 그런 다음 노란색과 황금색이 연이어 물결을 이루면서 천장이 으스스하게 투명해진다. "뚫고 나오려 안간힘을 쓰는 사물들이 그것 위에서 맴돌고 있는 듯 보였"으며 그 뒤 은빛 칼을 쥔 팔이 위쪽에서 모습을 드러낸다. 화자는 그것이 "나를 해방시키는 것이 목표인 광경"이라고 생각한다. 이 지점에서 현현의 결정적인 둘째 단계가 발생한다. 화자는 과격하게 탁자 위로 뛰어올라 천장에서 놋쇠 전구 소켓을 떼어내 바닥에 집어던진다. 그러자마자 천장이 무너져 내린다.

> 여전히 꽤 높은 곳에서, 나는 그 높이를 잘못 측정했는데, 희미한 빛을 받으며 푸른빛이 도는 보랏빛 예복을 입고 등에는 흰색 비단처럼

반짝이는 커다란 날개를 단 천사가 금빛 실에 묶인 채 아주 천천히 내려오고 있었다. 높이 쳐든 손에는 직선으로 길게 뻗친 칼이 들려 있었다. '그럼 천사인 건가!'라고 나는 생각했다. '천사가 온종일 내게 날아오고 있었는데 내가 믿지 않아 몰랐던 거구나. 이제 천사가 내게 말을 걸 테지.' 나는 눈을 내리깔았다. 다시 올려다보니 천사는 계속 거기에 있었고, 이는 사실이다, 이제는 천장에서 꽤 아래까지 내려와 있었다(천장은 다시 막힌 상태였다). 그런데 그것은 살아 있는 천사가 아니었다. 페인트칠한 목재 선수상船首像으로, 어떤 배의 뱃머리에서 떨어져 나온 것이었다. 뱃사람들이 드나드는 선술집 천장에 매달려 있는 것과 비슷한 종류였고, 그것에 불과했다.

칼자루는 양초를 꽂아 흘러내리는 기름을 받는 용도로 만들어진 것이었다. 나는 전구를 바닥에 내동댕이친 터였다. 어둠 속에 있고 싶지 않았는데 마침 초가 하나 남아 있었다. 그래서 소파 위에 올라가 초를 칼자루에 꽂고는 불을 붙였다. 그러고는 천사의 희미한 불꽃 아래 밤늦게까지 앉아 있었다.[29]

「황제의 전언」과 마찬가지로 이 역시 매우 의식적으로 계시를 다루는 포스트-전통 이야기지만, 환영적 경험에서 보고 느낀 것과 그 경험의 좌절을 실제로 재창조한다는 점이 다르다. 예언이라는 선물을 최종적으로 잃어버린 세계—초기 랍비들이 자기 자신의 현실에 관해 이렇게 말했다—에 거주하는 카프카의

29 Kafka, *The Diaries, 1910-1923*, ed. Max Brod, trans. Joseph Kresh & Martin Greenberg, New York, 1948-1949, pp.291-292[『카프카의 일기』, 444-445쪽].

주인공에게 좌절은 불가피해 보인다. 전체적으로 이 텍스트가 천사의 현현을 다루지만 장광설을 늘어놓다가 마지막에 가서는 맥이 빠지게 만드는 서사라고 묘사할 수 있을지도 모르겠다. 처음 계시될 때 천사는 전통적인 장치들, 즉 지진이 일으킨 진동, 보는 각도에 따라 달라지는 색깔들, 격앙된 상태로 다가가는 목격자, 치솟은 은빛 칼, 빛나는 날개를 달고 화려한 예복을 차려입은 천사 자신을 동반한다. 주인공은 천사가 해방의 전언을 전해 주리라 기대하지만 카프카의 천사는 칼 한 자루를 쥐고 있다(『아메리카』 첫 문단에 등장하는 자유의 여신상처럼). 왜냐하면 카프카의 상상에서는 거의 언제나 구원 혹은 만족의 이미지가 잠재적 위협도 품고 있기 때문이다. 이 특수한 사례에서 칼은 또 어떤 도상학 전통에 따라 규정되며 이 전통은 아담과 이브가 추방당한 뒤 에덴동산 문 앞에 서게 된 칼 든 천사까지 거슬러 올라간다. 벤야민의 천사와 비슷하게 카프카의 천사도 아마 낙원에서 추방당한 난민이겠지만 뒤를 돌아보는 역량은 보유하고 있지 않다. 선술집 천장에 못 박힌 목재 선수상이 바다를 바라보며 서 있는 것처럼 카프카의 천사는 신적인 기원들의 영역과 슬픈 관계를 맺은 채 서 있다.

이야기의 첫 부분에서 카프카가 주의 깊게 관심을 쏟은 현현의 동역학은 계시가 "나타나는 과정 중에 있는" 무언가라는 숄렘의 최소 정의를 생생하게 예증한다. 물론 화자의 필사적인 욕망에도 불구하고 결국에 나타난 것은 그에게 말 걸 수 있는 무언가가 아니라 하나의 나뭇조각, 인간이 만든 한갓 인공물, 그것도 대강 만든 인공물이다. 급격한 실망감은 한 영역에서 그 아래 다른 영역으로의 번역에 의해 강조된다. 천상의 형상으로 보였던 것이 순전한 지상의 형상으로 판명될 뿐 아니라 선수상 자체가 광활하게 펼쳐진 바다 왕국에서 세속적이고 아마도 얼마간은 추악할 뱃사람 선술집 영역으로 옮겨진 것들 중 하나처럼 보이게 되니 말이다. 드높은 신학적 위엄에서 시작한 서사가 고통 가득한 소극이 된다. 카프카의 비유담과 관련해 우리는 앞서 장래의 아브라함이 천사의 방문 직전에 돈 키호테가 아니라 산초 판사로, 거인들이 삐걱거리는 풍차일 뿐이며 연인 둘시니아가 숨을 내쉴 때마다 마늘 내를 풍기는 지저분한 농촌 소녀임을 완벽하게 깨닫고 있었던 산초 판사로 변하는 것을 보았다. 무상하게 계시를 약속하는 천사는 문화적 기억과 연관 관계를 맺고 있지만, 과거의 유물에 불과한 것으로, 에디슨 시대에 이르러 장식품으로 전락한 사라진 항해 시대의 장비로 밝혀진다.

하지만 이야기가 여기서 중단되지 않는다는 것이 카프카, 포스트-전통주의자지만 그럼에도 어떻게든 "계시의 빛 속에서" 글을 쓴 카프카의 특징이다. 화자는 비춤[조명]의 근대적이고 기술적인 원천을 방바닥에 집어던졌지만 계속 어둠에 둘러싸여 있고 싶어 하지는 않는다(화자가 최소한만 기록하고 있기는 하나 어둠에서 빛을 구한다는 이 이미지에는 원형들의 잔향이 강하게 남아 있으며, 「시편」을 비롯해 성서에 등장하는 다수의 구절을, 즉 "주 나의 하나님은 내 어둠을 밝히십니다", "주님의 등불은 사람의 영혼이다", "어둠 속을 헤매던 백성이 큰 빛을 보았고" 등등을 상기시킨다[30]). 생명 없는 사물

30 [옮긴이] 이 문장들은 각각 「시편」 18장 28절, 「잠언」 20장 27절, 「이사야서」 9장 2절에 나온다.

로 드러난 천사는 적극적으로 정신적 비춤[깨달음]은 줄 수 없을지언정 빛을 드리우는 도구는 될 수 있다. 그리하여 화자는 하나 남은 양초를 천사의 칼자루에 꽂고는 "천사의 희미한 불꽃 아래 밤늦게까지" 앉아 — 그 상태로 무엇을 하는지는 알 수 없다 — 있는다. 이야기는 천사의 참된 성격에 관한 티끌만큼의 가상도 없이 마무리된다(만약 이것이 실제로 카프카가 의도한 마무리라면). 그럼에도 역설적인 반전Umkehr에 대한 암시 하나가 결론부를 배회한다. 무엇보다 일종의 기적 같은 현현이 있다. 비록 그것이 활기를 잃은wooden[목재와 관련된] 실망으로 바뀌지만 말이다. 어두운 밤에 화자에게 여린 안락함을 주는 희미한 불꽃은 양초의 불꽃이 아니라 천사의 불꽃으로 이해된다. 엄밀히 말하면 이는 일상 어법에서 흔히 사용되는 일종의 단순한 환유적 대체에 지나지 않는다. 하지만 마지막 구절이자 결론 이미지라는 바로 그 위상 덕분에 이는 일정한 함의를 부여받는다. 평범한 인공물에 불과한 것으로 판명된 천사는 어둠 속 영혼에게 빛을, 희미하게나마, 비춘다.

이 뒤틀린 제스처는 참으로 카프카적이며 이를 설득력 있게 재생산하는 능력을 보유한 다른 현대 작가를 떠올리기란 쉽지 않다(베케트도 목재 천사를 상상했을 수 있지만 그의 세계에서 양초 심지는 불꽃을 태우지 않을 것이다). 하지만 현대 유대인 글쓰기의 이 형식, 카프카 자신의 인상적인 문구로는 "모두 경계들에 대한 공격"[31]인 저 형식의 상징으로서 늦은 밤 천사의 희미한 빛을 받으며 앉아 있는 남자는 카프카만이 아니라 벤야민과 숄렘의 기

---

31 [옮긴이] 이 말은 1922년 1월 16일 일기에 나온다. 3장 117쪽을 참조하라.

획과도 잘 어울리는 형상이다. 독일 부르주아 동화주의의 현실 안주에 등을 돌린 세 사람은 모두 헤아릴 수 없는 신학적 깊이를 지닌 유대적 기원들의 세계에 매혹되었다. 셋 모두 기원으로의 진정한 회귀는 불가능하다는, 한때 신이 서 있던 자리에 이제는 멜랑콜리만이 서 있다는 두려움을 느꼈다. 그럼에도 이들은 전통의 담지자들이 진리를 추구하면서 발전시킨 풍부한 정신적 어휘들을 현대의 언어로 적절히 대체할 수는 없다고, 기술도 과학도 미학주의도 정신분석도 맑스주의도 그럴 수 없다고 (심지어 벤야민조차) 각자의 방식으로 느꼈다. 세 사람은 전통의 이념과 행위와 이미지를, 즉 실제 성서 텍스트, 토라의 이념, 주석 과정, 예부터 내려온 이야기—에덴동산, 족장 및 희생제의용 칼, 계시가 내려진 산, 메시아의 약속 등—를 평생에 걸쳐 명상했다. 그리하여 이들은 천사의 형상을 수단 삼아 계시의 역설적 무를, 인간이 낙원에서 역사로 난폭하게 추방당했던 상황을, 볼 수 있으리라 기대한 것의 가상성을, 그리고 그것의 흐릿한 존속을 상상할 수 있었다. 카프카가 묘사한 침묵하는 천사는 히브리어로도 독일어로도 말하지 않는다. 하지만 이 천사는, 인간의 개입이라는 의지적 행동을 통해, 나타났을 때 그 앞에 있는 인간을 위해 양초를 받칠 운명이다. 『성』과 여러 비유담에서처럼, 방대한 범위를 자랑하는 숄렘의 역사 기술에서처럼, 카프카와 여타 작가들에 대한 벤야민의 금언적 성찰들에서처럼 참고 견디면서 존속하고 있을지도 모를 무언가가 초월의 영역—전통이 그토록 절박하게 말 걸고자 했던—에서 빠져나와 여전히 희미한 빛을 깜빡이고 있는 것이다.

/ 보론 /

두 명의 독일인과 세 명의 유대인

—바람과 역설과 아브라함에 대하여

조효원 / 문학 평론가

유대인의 신은 세속화되었다.
유대인의 신은 세계의 신이 되었다.
—칼 맑스

유대인은 세계사에서 가장 유별난 민족이다.
……
유대인은 세계사에서 **가장 큰 재앙을 초래한** 민족이다.
—프리드리히 니체

모든 행위는 '부정하는' 행위이다.
—알렉상드르 코제브

1.

역사상 가장 유명한 계시록이 집필된 곳의 지명은 파트모스 Patmos다. 그리스도의 제자로 추정되는 저자 요한은 자신의 (유일무이한) 글쓰기를 통해 지중해 한구석 좁은 바다 위의 이 작은 섬을 가장 거대한 올림포스와 홀로 우뚝한 시나이산에 능히 필적하는 장소로 탈바꿈시켰다. 만약 우리가 널리 퍼진 오랜 통념을 따라 올림포스를 신화의 고향, 그리고 시나이산을 계시의 근원으로 각각 규정할 수 있다면, 아마도 파트모스섬은 (모든) 종말론의 중핵이라 칭해야 마땅할 것이다. 로마제국으로부터 유폐당한 한 유대인이 그리스어로 기록한 거대하고 기괴한 환상 덕분에 조그마한 저 그리스 땅은 단순히 기독교의 순례 성지 가운데 한 곳이 되는 것을 넘어 온갖 극단의 우주적 상상력을 거느린 위대한 상징이 되기에 이르렀다. 그리고 십수 세기 후, 이 상징은 독일 땅과 독일어 안에서 커다란 공명과 광휘를 얻게 되는데, 이는 무엇보다 프리드리히 횔덜린의 시 「파트모스Patmos」 덕분이다. 세간에도 많이 알려져 있는 이 시의 첫 네 행은 다음과 같다.

> 가까이 있다
> 그리고 끄잡기 어렵다, 신은.
> 그러나 위험이 있는 곳에는 또한
> 구원자도 자라고 있다.[1]

지극히 간단한 단어들로 구성된 이 네 줄은 모든 번역자를 절망에 빠뜨리는 원작의 극단적 예시라고 할 수 있다. 어떻게 해도 원래의 뜻과 뉘앙스를 (제대로) 살렸다는 확신을 결코 품을 수 없게 만들기 때문이다. 누구든 어김없이 지각하게 되는 이 시의 (거의) 폭압적인 번역 불가능성은 어쩌면 원작자가 (작심하고) 꾸민 계략이 보기 좋게 성공한 결과일지도 모른다. 사실 횔덜린은 그 자신 번역가로서 번역 불가능성의 문제와 극한의 사투를 벌

1 프리드리히 횔덜린, 『횔덜린 시 전집』, 장영태 옮김, 책세상, 2017, 252쪽. 원문과 대조하여 번역을 수정했다.

였다(이 점에 관해서라면, 홀로 플라톤을 번역함으로써 당대와 이후를 풍미한 신학자 프리드리히 슐라이어마허 정도를 그와 동렬에 놓을 수 있을 것이다). 추측건대, 횔덜린은 미래의 독자들이 자신의 싸움을 끝없이 이어 가기를 바랐을 것이다. 왜냐하면 이 독일 시인의 싸움은 어떤 한가로운 문학적 작고作苦가 아니라 역사적 시간의 지속 및 유럽 문명의 정당성이라는 광대한 문제에 깊이 연루된 일종의 존재-신학적onto-theological 투쟁이었기 때문이다. 이 투쟁은 가장 근본적이고 심오한 의미에서 기독교적인 투쟁이라 할 수 있는데, 왜냐하면 횔덜린이 파악한 — 당연한 이야기지만, 비단 그의 인식 속에서만 그랬던 것은 아니다 — 기독교 안에서는 헬레니즘 철학과 이스라엘 계시 그리고 로마법의 정신이, 말하자면, 끝없는 3자 결투를 벌이고 있기 때문이다. 이 세 이념 간의 어지러운 합종연횡 관계는 확실히 구극의 번역 불가능성으로 표상될 수 있고 또 그렇게 되어야 한다.

청년 시절 헤겔의 절친한 동무였던 이 시인-번역가가 죽고 약 반세기 후 태어난 독일 유대인 발터 벤야민은 횔덜린을 가장 괴롭혔던 문제, 즉 번역 불가능성이라는 사태의 중대성을 제대로 꿰뚫어 본 극소수 인물 가운데 하나이다. 이 비평가가 쓴 「번역자의 과제Die Aufgabe des Übersetzers」라는 글에는 다음과 같은 문장들이 들어 있다. "횔덜린의 소포클레스 비극 번역에서는 아이올리아 하프Äolsharfe를 스치는 바람처럼 언어가 의미를 아주 살짝만 스칠 정도로 언어들이 깊은 조화를 이루고 있다. 횔덜린의 번역은 번역 형식의 원상Urbild이다. …… 바로 그렇기 때문에 그의 번역 속에는 다른 무엇보다 엄청난 원초적인 위험이 도사리고 있다. 즉 그와 같이 확장되고 철저하게 장악된 언어는 출입문을 봉쇄하여 번역자를 침묵 속에 가둬 버릴 수 있는 것이다."[2] 번역자의 침묵은 번역 불가능성에 대한 항거의 노력이 종내 수포로 돌아갔음을 의미한다.

하지만 벤야민은 침묵에 갇히기 전의 횔덜린이 시를 통해 구현한 "완벽한 수동성"에 대해 이미 비상한 관심을 쏟은 바 있다. 1915년 그가 쓴 최초의 비평문 「프리드리히 횔덜린의 시 두 편: 「시인의 용기」-「수줍음」Zwei Gedichte von Friedrich Hölderlin: "Dichtermut" – "Blödigkeit"」은 그 관심의 또렷한 흔적이다. 이 글을 읽는 독자는 다음과 같은 기묘한 단언에 맞닥뜨리게 된다. "시인은 생에 맞닿은 경계 외에 다른 것이 아니며, 제 안에 생의 법칙을 보유하고 있는 엄청난 감각적 힘들과 이념으로 둘러싸인 무차별성Indifferenz이다." 무차별성, 우리는 이 단어를 정당하게 번역(불)가능성으로 바꿔 읽을 수 있다. 달리 말하자면, 벤야민의 눈에 비친 횔덜린은 번역 불가능성의 폭풍 속으로 자신을 완전히 내던진 시인이었다. 이것은 분명 "완벽한 수동성"의 행위라고 할 수 있다. 그래서 벤야민은 횔덜린을 "모든 관계의 건드릴 수 없는 중심"을 깊이 체득(혹은 체현)한 시인으로 규정한다.[3]

횔덜린의 시와 번역에 대한 벤야민의 해석을 확대-적용하는 행위가 만약 허락된다면, 우리는 가령 이렇게 진술할 수 있을 것이다. '「파트모스」는 횔덜린이 침묵에 빠지기 전 이 땅에 남긴

---

2 발터 벤야민, 『언어 일반과 인간의 언어에 대하여·번역자의 과제 외』, 최성만 옮김, 길, 2008, 141쪽. 원문과 대조하여 번역을 수정했다.

3 벤야민, 『서사·기억·비평의 자리』, 최성만 옮김, 길, 2012, 146쪽. 원문과 대조하여 번역을 수정했다.

최후의 증언 혹은 — 사실상 같은 말이지만 — 언어의 문이 닫히기 직전 하늘로 송부한 마지막 탄원서이다.' 이 가설의 타당성을 뒷받침해 주는 것은 다른 무엇보다 「파트모스」라는 제목 자체이다. 다시 말해, 우리는 이 시를 횔덜린이 요한의 계시록에 붙인 일종의 주석으로 간주하고 그렇게 음미할 수 있다. 아닌 게 아니라, 굳이 정치-신학적 관점을 참조하지 않더라도, "모든 관계의 건드릴 수 없는 중심"으로서 오롯이 존재했던 고독한 시인이 평생토록 힘써 궁구했을 문제가 신과 세계의 상호 관계Korrelation, 즉 계시Offenbarung 외에 다른 무엇일 수 있겠는가(참고로, 이 계시는 시나이산으로부터 멀리 떨어져 나온 것이지만, 그렇다고 해서 곧장 올림포스나 판테온으로 향한 것은 아니다). 무엇보다 시의 첫 네 행에 기입되어 있는 (번역 불가능한) 모든 말 — '가까운', '그리고', '끄잡기 어려운', '신', '위험', '또한', '그러나', '구원자', '자란다' — 이 그러한 가능성을 강하게 암시하고 있다. 요컨대 그리스 비극의 번역자 횔덜린은 동시에 유일무이한 시의 안경을 쓰고 계시록의 행간을 탐색한 주석가이기도 했던 셈이다. 『일방통행로*Einbahnstraße*』에서 벤야민은 이렇게 말한다. "주석과 번역이 텍스트와 맺는 관계는 양식과 미메시스가 자연과 맺는 관계와 같다. 다른 측면에서 고찰된 동일한 현상인 것이다. 주석과 번역 둘 모두 성스러운 텍스트라는 나무에서는 영원히 살랑이는 잎사귀일 뿐이고 세속의 텍스트라는 나무에서는 제철에 떨어지는 열매다."[4]

4 벤야민, 『일방통행로·사유이미지』, 김영옥·윤미애·최성만 옮김, 길, 2007, 80쪽.

번역가 횔덜린은 파트모스의 사도가 남긴 가장 기괴한 성서 텍스트에 대한 주석을 (번역 불가능한) 시(의 형식으)로 썼다. 그런가 하면, 비평가 벤야민은 튀빙겐의 광인이 제 숨결로 연주한 독특한 하프 음악에 대한 주석을 지극히 세속적인 문체 속에 아로새겨 넣었다.[5] 횔덜린의 음악 속에서 벤야민이 발견한 것은 "성스러운 냉철함heilignüchtern"이라는 표현으로 집약될 수 있는 어떤 정신의 삶이다. 그러나 그는 이 삶이 그리스 정신에 의해 지배되는 것이 아니라고 확언한 다음, 이 점이야말로 결정적인 사실이라고 곧바로 첨언한다. 왜냐하면 그 삶은 모종의 "동양적 …… 요소를 통해 지양되고 상쇄"되기 때문이라는 것이다.[6] 여기서 '동양적orientalisch'이라는 표현이 갖는 함의가 '유대적jüdisch'이라는 단어의 그것과 남김없이 합치할 것이라는 점에는 별다른 의문의 여지가 없을 듯하다.[7] 다시 말해, 파트모스의 요한처럼 베를린의 벤야민 역시 한 명의 유대인이었던 것이다. 하

---

5 참고로, 주석에 대한 미셸 푸코의 관점은 벤야민적 의미의 주석에는 적용될 수 없는 것으로 보인다. 『담론의 질서』(*L'Ordre du discours*)에서 푸코는 다음과 같이 주장한다. "주석은 담론에 일정한 역할을 부여함으로써 담론의 우연을 내쫓아 버린다. 주석은 텍스트 자체와는 다른 것을 말할 수 있게 해 주지만, 이는 오직 그 다른 것이 그 텍스트 자체이며, 어떤 의미에서는 그 텍스트를 완성한다는 조건 아래에서만 그렇다"(『담론의 질서』, 허경 옮김, 세창출판사, 2020, 40쪽). 그러나 해당 텍스트의 내용이 만약 계시의 비밀(arcanum)이라면, 텍스트의 완성은 섣불리 운위할 수 있는 계제가 아니게 된다. 주석의 문제와 관련하여 벤야민의 관점은 무엇보다 계시를 향해 있다.

6 벤야민, 『서사·기억·비평의 자리』, 147-148쪽.

7 벤야민이 활동하던 시기 유럽에서 중국 문화로 대표된 동양적인 것과 유대적인 것 사이에 존재했던 관련성에 대해서는 본서 112-113쪽 및 Steven Aschheim, *Brothers and Strangers*, Madison: The University of Wisconsin Press, 1982, pp. 3-57 참조.

지만 독일어로 글쓰기를 했던 현대 유대인은 기독교의 구세주를 따르지 않았다. 그럴 수 없었다. 왜냐하면 요한이 섬겼던 메시아의 이미지는 수천 년 서구 역사의 부침 속에서 터무니없이 증폭되거나 무람없이 왜곡되기를 끝없이 반복했기 때문이다. '역사적 예수'에 대한 탐구에 착수한 19세기의 (소위) 실증적 문헌학자들은 사태를 더욱 악화시켰을 따름이다. 더욱이 콘스탄티누스 황제의 후원 아래 기독교가 제국 종교로 발돋움하면서 유럽 전역을 지배하게 된 이후 줄곧 유대교는 세계 도처에서 가공할 생존력을 자랑하면서 (예수가 아닌, 언젠가 정말로 도래할) (거짓) 메시아를 (경계하는 동시에) 고대해 왔다. 말할 것도 없이, 벤야민은 유럽 기독교와 게토 유대교가 맺어 온 착종 관계에 대해 날카롭게 인식하고 있었다.

그러나 이보다 더 중요한 요인이 있다. 그것은 바로 국가Staat의 등장이다. 근대 국가는 철학과 계시와 법을 모두 집어삼킨 거대한 괴물이며, (어쩌면 생산적일 수도 있었을) 이들 3자 간의 번역 (불)가능성을 가장 폭력적인 방식으로 억압한 세력이다. 벤야민은 일찍부터 이 사실을 간파했다. 그가 횔덜린 시의 전반적인 분위기를 주재하는 '성스러운 냉철함'에 주목하면서 그것의 본질을 '동양적인' 것으로 규정한 까닭이 여기에 있다. 다시 말해, 벤야민은 모종의 '유대적인' 것 속에서 국가에 대항할 수 있는 정신적 무기를 찾으려 했던 것이다. 당대 최고의 유대 사상가 중 하나로 꼽히던 마르틴 부버에게 보낸 편지에서 청년 벤야민은 이렇게 단언한 바 있다. "저는 유대 사상에 대한 제 신념이 비유대적이라고 생각하지 않습니다."[8] 그러나 유대교 및 유대인의 전통과 관련하여 벤야민이 섭렵한 지식은 부버의 그것에 견주면 크게 뒤떨어지는 것이었다. 뿐만 아니라, 아래의 논의에서 분명히 드러날 테지만, 벤야민의 역사철학적 신념 속에는 (넓은 의미에서의) '유대적인 것' 일체를 부정(이 아니라면 적어도 해체)하는 행위를 촉발하는 잠재력이 충만해 있었다. 하지만 동시에 바로 그런 독특한 비-비-유대성non-non-Jewishness 덕분에 벤야민의 산문이 모든 "문자의 사슬을 폭파"할 수 있는 힘을 얻게 되었다고 볼 수 있다.[9]

지금까지 우리는 우선 계시에서 시로, 즉 파트모스의 요한에서 튀빙겐의 횔덜린으로 크게 비약했으며, 그러고는 곧바로 다시 시에서 산문으로, 그러니까 튀빙겐의 주석가에서 베를린의 비평가로 단박에 건너뛰었다. 우화의 형식을 빌려 지금까지의 논의를 요약하도록 하자. 그리스어를 쓰던 고대 유대인이 뿌린 겨자씨는 1,500년 이상의 세월이 흐른 후 그리스어를 번역할 줄 알았던 근대 독일인에게 이르러 커다란 나무로 자랐고, 이 나무가 맺은 과실은 다시 한 세기 후 독일어로 쓰고 사유하던 현대 유대인의 손에 떨어졌다. 이것은 말하자면 파트모스로 상징될 수 있는 서구 구원사Heilsgeschichte의 축약본이다. 이 축약본을 통해 시와 번역이 계시에 대해 맺고 있는 특수한 긴장 관계는 정치와 종교(기독교와 유대교) 사이를 가르는 모종의 거대한 심연Abgrund 속으로 빨려 들어가게 된다.

---

8 벤야민, 『언어 일반과 인간의 언어에 대하여·번역자의 과제 외』, 273쪽.

9 벤야민, 『역사의 개념에 대하여·폭력 비판을 위하여·초현실주의 외』, 최성만 옮김, 길, 2008, 368쪽.

2.

벤야민은 이른바 '베를린 하스칼라Berlin Haskalah', 즉 유대 계몽주의jüdische Aufklärung가 한 세기 이상의 흥망성쇠를 겪은 후 마침내 시온주의Zionism에 의해 역사의 무대 뒤편으로 완전히 밀려난 시기 독일 제국의 수도에서 태어난 유대인이다.[10] 그런데, 주지의 사실이지만, 현대 시온주의는 19세기 세속화의 바람을 타고 신학-종교적 차원에서 인종-문화적 차원으로 약진하며 크게 세를 불린 반유대주의Antisemitismus에 대한 저항의 일환으로 성립한 이념-운동이었다. 가령, 벤야민의 유년 시절 베를린 대학 강단에서는 다음과 같은 목소리가 쩌렁쩌렁하게 울려 퍼지고 있었다. "유대 족속은 재능이 풍부한 민족이 보여 줄 수 있는 가장 비극적인 사례를 제공한다. 그들은 그들의 국가를 지키지 못했고 그래서 지금도 온 땅에 흩어져 살고 있다. 그들의 삶은 불구이다. 왜냐하면 누구도 두 민족에 동시에 속할 수는 없기 때문이다."[11] 이 목소리는 소위 '프로이센 학파'를 대표하는 역사학자 하인리히 폰 트라이치케의 것이다. 유대인에 대한 그의 비방이 전제하고 있는 것은 민족의 통일체로서 국가가 다른 모든 이념에 우선한다는 신념이다. 트라이치케는 철혈 재상 비스마르크가 이룩한 프로이센 제국(이른바 소독일)을 누구보다 열렬히 숭배한 학자-정치가였고, 그의 입장에서 반유대주의를 표

10 '베를린 하스칼라'의 기원과 내력에 대해서는 David Sorkin, *The Berlin Haskalah and German Religious Thought*, London: Vallentine Mitchell, 2000 참조.

11 Heinrich von Treitschke, *Politics*, New York: A Harbinger Book, 1963, p. 31.

명하는 것은 정당한 애국 활동의 일환이었다.

이보다 반세기 전, 그러니까 19세기 중반, 청년 칼 맑스는 유대인 해방 문제를 둘러싸고 (한때 청년 헤겔파의 동지였던) 신학자 브루노 바우어와 열띤 논쟁을 벌였다. 자신들의 종교와 전통을 고수하면서 동시에 독일 시민권도 손에 넣으려 했던 이른바 '동화된 유대인들assimilierte Juden'을 상대로 모진 신학적 비판을 감행한 바우어를 향해 유대인 맑스는 다음과 같은 날 선 말로 응수했다. "유대인 문제는 국가의 사정에 따라, 즉 유대인이 살고 있는 국가의 상황에 따라 다르게 파악된다. 그 어떤 정치적 국가도 존재하지 않는, 그 어떤 국가도 국가로서 존재하지 않는 독일에서 유대인 문제는 순수하게 **신학적인** 문제다. 유대인은 국가와 **종교적**으로 대립해 있는 가운데 자신을 발견한다. 국가는 기독교를 자신의 토대로 공인한다. 이 국가는 **직책상** 신학자이다. 여기에서 비판은 신학에 대한 비판이다. 비판은 기독교적 신학과 유대교적 신학으로 양분된 비판이다. 따라서 우리가 신학 안에서 제아무리 **비판적으로** 움직인다 하더라도, 우리는 여전히 신학 안에서 움직일 뿐이다."[12] 하지만 프로테스탄트 신학 안에서 움직이던 비판가 바우어도, 반대로 모든 신학을 혁파하고 "종교의 비밀을 현실의 유대인에서" 찾으려 했던 혁명가 맑스도 독일 민족의 영웅이 되고자 한 비스마르크(와 그의 추종자들)의 야망을 저지하지는 못했다.[13] 다시 말해, 19세기의 최종 승자는 결국 신

12 카를 마르크스, 『유대인 문제에 관하여』, 김현 옮김, 책세상, 2015, 27쪽. 강조는 원저자.

13 같은 책, 66쪽.

학이나 혁명이 아닌 국가였던 것이다. 물론 이 국가는 유대인을 합법적인 국민으로 인정하지 않는 국가였다.

그런데 트라이치케가 세상을 버릴 무렵 독일-오스트리아 문화계에는 실로 원대한 포부를 지닌 유대 지식인 한 명이 등장한다. 그의 이름은 테오도어 헤르츨이다. 훗날 (현대) 시온주의의 아버지로 추앙받게 될 이 작가는 베를린 대학의 역사학자가 옹립한 독일 민족주의 이데올로기를 거꾸로 뒤집어 오히려 유대 민족의 결집 및 유럽으로부터의 탈출exodus을 선동하는 논설의 근거로 사용했다. 이를테면, 『유대 국가*Der Judenstaat*』에서 헤르츨은 다음과 같이 주장한다. "우리는 하나의 민족이다 — 역사 속에서 언제나 그랬듯이 우리의 적들은 우리가 그것을 의지하지 않는데도 불구하고 우리를 하나의 민족으로 만들고 있다. 핍박 속에서 우리는 단결하며, 거기서 우리는 갑자기 우리의 힘을 발견한다. 그렇다, 우리는 국가, 그것도 모범적인 국가를 형성할 수 있는 힘을 지니고 있다. 우리는 그것을 위해 필요한 모든 인간적이고 실질적인 수단을 소유한다."[14] 한마디로, 유대 민족 역시 국가를 가질 수 있고 또 가져야 한다는 것이다. 크게 보아 헤르츨의 구상은 실현되었다고 말할 수 있다. 그 과정의 구체적이고 세세한 모순과 갈등을 차치하면, 어쨌든 이스라엘 국가는 탄생했기 때문이다. 그러나 독일 유대인 벤야민은 이스라엘 건국을 보지 못했고, 심지어 예루살렘 땅을 밟아 보지도 못했다. 한때 독문학 교수로서 예루살렘 히브리 대학의 강단에 서는 꿈을 잠시나마 꾸기도 했지만 말이다. 선배 유대인 맑스처럼 벤야민

14 테오도어 헤르츨, 『유대 국가』, 이신철 옮김, 도서출판b, 2012, 44쪽.

도 결국 독일 땅이 아닌 타국에서 쓸쓸히 세상을 떠나고 말았다.

* * *

실제로 이스라엘 국가의 국민이 된 것은 벤야민의 평생지기 게르숌 숄렘이었다. 벤야민이 「번역자의 과제」를 집필하던 무렵, 그러니까 불과 20대 중반의 나이에 숄렘은 조국 독일을 떠나 팔레스타인에 정착했다. 이것은 당시로서는 정말 대담한 결단이었다. 하지만 숄렘은 헤르츨과 그의 추종자들이 추진한 정치적 시온주의의 구상에 동의하지도 않았고, 이스라엘 국가의 정치적 정당성을 인정하지도 않았다. 벤야민처럼 그도 국가(라는 정치적 형식)에 대항하려 했고, 이를 위한 무기를 '유대적인 것'에서 찾고자 했다. 그러나 '유대적인 것'의 본질에 대한 두 사람의 견해는 크게 갈렸다. 이제는 널리 알려진 사실이지만, 여타의 많은 사안에 있어 서로 깊이 공감하고 나아가 입장을 공유하던 두 사람이 유독 첨예하게 부딪친 지점은 맑스주의에 관한 문제에서였다. 길고 복잡한 이야기를 다소 거칠게 간추리자면, 벤야민은 맑스의 사상을 유대적인 신념에 접목시킬 수 있다고 믿었고 또 실제로 그렇게 하려 했지만, 숄렘은 그러한 시도를 아주 단호하게 일축했다. 사상의 차원에서 숄렘의 가장 커다란 적수로 꼽히는 철학자 야콥 타우베스에 따르면, 「역사의 개념에 대하여 Über den Begriff der Geschichte」와 관련하여 벤야민이 유고로 남긴 노트 속에는 자신의 유대 맑스주의를 비판한 숄렘을 향한 (은밀한) 반박의 시도가 들어 있다고 한다.[15] 타우베스가 구체적으로

15 Jacob Taubes, *Der Preis des Messianismus*, Würzburg: Königshausen &

지목한 부분은 다음의 구절들이다.

> 다음과 같은 상상을 해 볼 필요가 있다. 즉 미래를 탐구하는 마법적 의식을 거행할 때 우리는 시간이 자신의 품에 무엇을 감추고 있는지 묻게 되는데, 이때 시간은 균질하지도 공허하지도 않은 것으로 표상된다. 이 점을 유념할 때 우리는 기억Eingedenken 속에서 과거가 어떻게 현전하는지를 가장 잘 보게 된다. 다시 말해, 과거를 그대로 보게 되는 것이다. 주지하다시피 유대인들에게는 미래를 점쳐 보는 일이 금지되어 있었다. 역사에 대한 그들의 신학적 표상의 정수Quintessenz를 볼 수 있게 해 주는 [실천적 행위로서] 기억은 마법을 노예처럼 부리는 미래를 탈마법화한다. 하지만 그렇다고 해서 이러한 표상이 미래를 공허한 시간으로 만드는 것은 아니다. 반대로 그에 따르면 매 순간 순간이 메시아가 들어올 수 있는 작은 문이다. 그 문을 움직이게 만드는 경첩이 기억이다.[16]

사뭇 의미심장하게도, 이 단락 바로 앞에 있는 테제에는 다음과 같은 문장들이 적혀 있다. "맑스는 자본의 '역사' 자체가 광범위하게 이론을 떠받치는 철골 구조로서 제시될 수 있다는 점을 인식했다. 그것은 과거의 아주 특정한 계기들과 함께 맑스 자신

Neumann, 2006, pp. 28-29 참조.

16 벤야민, 『역사의 개념에 대하여·폭력 비판을 위하여·초현실주의 외』, 384쪽. 원문과 대조하여 번역을 수정했다.

의 시대를 역사 속에 등장하게 만든 정세를 포착하고 있다. 그것은 현재의 개념을 메시아적 시간의 파편들이 박혀 있는 '지금시간'으로서 포함하고 있다."[17] 지금껏 여러 논자가 주장했듯이, 벤야민은 그저 1차원적으로 혹은 단선적인 방식으로 맑스의 사상을 수용하거나 계승한 것이 결코 아니다. 그는 분명 맑스를 초극하려 했다. 그것도 맑스가 그토록 열심히 벗어나려 했던 '신학'을 통해서 말이다.[18]

그럼에도 불구하고 두 사람의 지향이 보여 주는 연속성은 누구도 부인할 수 없을 만큼 선명하다. 가령, 청년 벤야민이 남긴 유명한 단편 「종교로서의 자본주의Kapitalismus als Religion」에는 다음과 같은 묵시록적 진술이 들어 있다. "종교가 존재의 개혁이 아니라 존재의 붕괴인 점에 바로 자본주의가 지닌 역사적으로 전대미문의 요소가 있다. 절망이 종교적 보편 상태로까지 확장되어, 그 상태에서 구원을 기대한다는 것이다. 신의 초월성은 무너졌다. 그러나 신은 죽은 것이 아니라 인간의 운명 속에 편입되었다."[19] 단언컨대, 이 진술은 '세속화된 유대인의 신이 [곧] 세계의 신'이라는 청년 맑스의 언명을 염두에 두지 않으면 결코 올바르게 이해될 수 없다. 맑스는 화폐가 곧 유대인의 신, 유대적 생의 본질이라고 믿었다. 따라서 그것은 해체되어야 한다. 그와 다르지 않게, 벤야민은 신의 초월성을 무너뜨린 것은 화폐의 힘

---

17 같은 책, 383쪽. 원문과 대조하여 번역을 수정했다.

18 벤야민의 신학이 기독교 신학인지 아니면 유대 신학인지는 알 수 없다. 사실 그에게는 그러한 구분이 무의미했는지도 모른다.

19 같은 책, 123쪽.

이라고 생각했다. 그리고 신과 함께 세계의 내재성마저 깡그리 무너졌다. 이는 제1차 세계대전과 그에 따른 미증유의 파국 — 이것이 그가 생각한 모든 인간의 운명이다 — 을 생생히 목도한 벤야민으로서는 지극히 자연스러운 결론이었을 것이다. 베를린 태생의 이 세속 유대인은 '종교로서의 자본주의'를 비판하는 작업을 통해 자신이 지닌 '유대 신념'의 정당성을 입증하려 했다. 이것은 동시에 맑스의 유지를 창조적으로 (혹은, 관점에 따라서는, 파괴적으로) 계승하는 일이었다.

그러므로 우리는 존재의 붕괴로서의 자본주의-교에 대한 벤야민의 설명을 맑스의 다음 주장과 연계시켜 음미해 볼 필요가 있다.

> 우리는 유대인 문제에 대한 신학적 이해와 단절하고자 한다. 우리는 유대인 해방의 자격에 대한 문제를 '유대교 지양을 위해 어떤 특수한 사회적 요소가 극복되어야 하는가'라는 문제로 전환한다. 왜냐하면 오늘날 유대인 해방의 자격이란, 오늘날 세계 해방과 유대교가 갖는 관계이기 때문이다. 이 관계는 필연적으로 오늘날의 노예화된 세계에서 유대교가 차지하는 특수한 위치로부터 기인한다.
>
> 우리는 현실적이고 세속적인 유대교를 고찰하는 것이지, 바우어처럼 **안식일의 유대인**Sabbatsjuden을 고찰하는 것이 아니다. 우리는 오히려 **일상의 유대인**Alltagsjuden을 고찰한다.[20]

---

20 마르크스, 『유대인 문제에 관하여』, 65쪽.

여기서 관건은 '안식일의 유대인'과 '일상의 유대인'을 구별하는 일이다. 바로 이 구별이 '유대적인 것'의 본질을 둘러싸고 벤야민과 숄렘이 벌인 논쟁의 핵심 쟁점이기 때문이다. 구도를 단순하게 정리해 보자면, 벤야민은 맑스의 입장을 지지하여 '일상의 유대인'에 주목한 반면, 숄렘은 (의식했건 그렇지 않건) 바우어의 노선을 따라 '안식일의 유대인'만을 유대인으로 간주했다고 할 수 있다. 다만 그 의도가 반대였을 뿐이다. 숄렘은 일찍부터 독일 민족과 기독교적인 독일 문화를 마음속 깊이 경멸했다. 그리고 이 감정은 유대 민족과 유대 전통에 대한 그의 강한 애착과 정확히 반비례하는 것이었다. 하지만 이 반비례 관계는 모종의 도착적인 성격을 내장하고 있거니와, 이는 무엇보다 그가 최후까지 독일어로 읽고 쓰는 작업을 결코 포기하지 않았다는 사실을 통해 여실히 증명된다.[21]

'독일적인 것Deutschtum/das Deutsche'에 대한 숄렘의 양가적인 감정을 잘 드러내 주는 사례가 있다. 1961년 2월 그는 부버가 필생의 과업으로 여기고 수십 년 동안 매진해 온 일, 즉 히브리 성서의 독일어 번역 작업을 마침내 완료한 것을 성대하게 축하하는 자리에서 다음과 같은 심히 어그러진 언사를 쓰고 말았다. "대관절 이 번역은 누구를 염두에 둔 것이며, 누구에게 영향을 미치려고 하는 걸까요? 역사적으로 보자면, 이것은 더 이상 손님으로서 유대 민족이 독일 민족에게 주는 **선물**Gastgeschenk일 수 없습니다. 그것은 차라리—이 말을 하는 것이 저로서도 쉬운

---

21 Noam Zadoff, *Gershom Scholem: From Berlin to Jerusalem and Back*, Waltham: Brandeis University Press, 2018, pp. 157-188; 본서 57-58쪽 참조.

일은 아닙니다—이루 말할 수 없는 파국으로 인해 이미 파탄에 이른 관계를 표시하는 묘비라고 해야 할 것입니다. 당신이 번역한 이 성서를 읽을 유대인은 더 이상 존재하지 않습니다."[22] 당시 그 자리에 있던 좌중 모두가 이 말에 아연실색했음은 두말할 필요가 없을 것이다.[23] 하지만 그들은 숄렘의 판단이 의표를 찌른 것이었다는 사실마저 부정할 순 없었다. 숄렘이 보기에 성서 번역가로서 부버는 성스러운 언어를 망각한 '일상의 유대인'에게서 진정한 '안식일의 유대인'을 찾는 우를 범한 셈이었다.

하지만 숄렘이 19세기 헤겔 좌파 사상가가 제출한 거친 주장을 20세기 유대인의 관점에서 단순히 뒤집어 반복한 것은 아니다. 만약 그랬다면 그는 결코 벤야민과의 우정을 지속할 수 없었을 것이다. 사실 숄렘의 사유는 벤야민의 그것에 결코 뒤지지 않을 정도로 복잡하고 방대하며 무엇보다 모순투성이다. 미상불 숄렘 사상의 전모를 요약하여 소개하는 일은 두꺼운 책 한 권을 쓰는 일 이상의 노력과 수고를 필요로 한다.[24] 그러므로 여기서는 다만 그의 말과 글에서 발견되는 가장 극적인 역설 한 가지를 지적하는 것으로 만족하기로 하자. 숄렘은 공공연히 '종교적 아

---

22 Gershom Scholem, *The Messianic Idea in Judaism*, New York: Schocken Books, 1995, p.318. 강조는 원저자.

23 Paul Mendes-Flohr, *Martin Buber: A Life of Faith and Dissent*, New Haven: Yale University Press, 2019, p.305 참조.

24 David Biale, *Gershom Scholem: Kabbalah and Counter-History*, Cambridge: Harvard University Press, 1979; idem, *Gershom Scholem: Master of the Kabbalah*, New Haven: Yale University Press, 2018; Daniel Weidner, *Gershom Scholem: politisches, esoterisches und historiographisches Schreiben*, Munich: Wilhelm Fink, 2003; Noam Zadoff, *Gershom Scholem* 참조.

나키스트der religiöse Anarchist'를 자처했다. 그러나 동시에 그는 자신이 유대교의 유일신(인격신)과 그의 계시에 대한 견결한 신앙을 지니고 있다고 늘 주장했다. 심지어 숄렘은 (기독교와 이슬람을 위시한) 모든 종교적인 사유와 실천이 젖줄을 대고 있는 원천은 오직 시나이산일 수밖에 없다고 믿었다.[25] 하지만 다시, 유대 민족에게 주어진 근원 계시Ur-Offenbarung의 내용은 가장 근본적인 의미에서 '무無'일 수밖에 없다고 그는 생각했다. 이러한 모순의 공존 혹은 연속으로부터 우리는 숄렘이 신봉한 '유대적인 것'의 본질에 대한 이미지를 그려 볼 수 있다.

숄렘은 거의 배타적이라 할 수 있을 정도로 철저하게 유대 신학jüdische Theologie의 관점에서 유대인 문제에 접근했다. 하지만 그가 천착하고 표방한 유대 신학은 정통 유대교의 입장에서 볼 때 지극히 이단적인 사유의 묶음에 지나지 않는 것이었다. 숄렘에 의해 집대성된 이단적인 유대 사상의 흐름은 통상 '카발라Kabbalah'라는 명칭으로 불린다.

3.

유대교 신앙과 유대적 실존의 정당성을 카발라 전통에서 찾으려 한 숄렘의 시도는 사실 위험하기 짝이 없는 것이었다. 적어도 정통 유대교의 신봉자들이 보기에는 분명히 그랬다. 왜냐하

25 Harold Bloom ed., *Gershom Scholem*, New York: Chelsea House Publishing, 1987, p. 216 참조.

면 그는 자신의 카발라 연구를 통해서 유대 전통의 역린에 해당하는 메시아주의Messianismus를 단지 살짝 건드린 데 그친 것이 아니라, 실로 대담하게 그것을 (아이러니한 동시에 극단적인 방식으로) 재활성화하는reactivate 데까지 나아갔기 때문이다. 이는 무엇보다 유대 역사상 가장 커다란 추문을 일으킨 17세기의 (거짓) 메시아에 대한 탐구에 숄렘이 실로 어마어마한 시간과 공력을 들였다는 사실을 통해 입증된다. 이 역사적-문헌학적 연구의 결과가 바로 『사바타이 츠비: 신비주의 메시아』이다. 숄렘이 (독일어가 아닌) 히브리어로 집필한 이 연구서의 영어 번역본은 무려 1,000쪽에 달한다.[26] 사뭇 의미심장하게도, 이 책의 제사에는 다음과 같은 인용문이 실려 있다. "역설은 진리의 한 가지 특징이다"(참고로, 이것은 독일 철학자 빌헬름 딜타이의 아포리즘이다). '역설'은 '심연'과 더불어 숄렘이 가장 즐겨 사용한 단어 가운데 하나이다.[27] 실제로 숄렘의 여러 저작을 두루 톺아보면, 그의 사유는 정말로 역설과 심연으로 미만彌滿해 있다는 느낌을 지우기가 어렵다.

과연 숄렘은 역설의 사상가였다. 하지만 그는 자신의 역설이 온전히 '유대적인 것'의 영역 안에 머물기를 원했던 것 같다(물론 이 역시, 관점에 따라서는, 일종의 역설로 보일 수 있다). 뿐만 아니라 숄렘은 흔히 기독교의 창시자로 일컬어지는 나사렛 예수에

---

26 Scholem, *Sabbatai Sevi: The Mystical Messiah*, Princeton: Princeton University Press, 1973.

27 Lina Barouch, *Between German and Hebrew: The Counterlanguages of Gershom Scohlem, Werner Kraft and Ludwig Strauss*, Berlin: Walter de Gruyter, 2016, pp. 68-69 참조.

대해서는 기회가 닿을 때마다 격한 반감을 표했다. 그러나 그는 유대 민족과 전 세계를 구원한다는 거창한 명분 아래 로마 가톨릭으로 개종했던 18세기의 (거짓) 메시아 야콥 프랑크에 대해서는 유달리 (야릇하고) 강렬한 형태의 공감을 표명한 바 있다.[28] 마치 두 사람 사이에는 도무지 메울 수 없는 간극이라도 존재한다는 듯이 말이다. 이것은 이를테면 낭만주의적 기연주의Occasion-alismus의 한 버전으로 보일 법한 특성이라고도 할 수 있을 것이다. 숄렘의 이러한 기질을 일찍부터 간파한 동시대 신학자 프란츠 로젠츠바이크는 그를 '니힐리스트'로 규정한 바 있다. 하지만 숄렘은 극한의 니힐리즘마저도 '역설'의 유희 속으로 끌어들일 수 있는 비범한 능력의 소유자였다. 그래서 혹자는 그를 두고 역사학자의 가면을 쓴 형이상학자라는 식의 표현을 쓰기도 했는데, 이는 정말로 적확한 통찰이라 하지 않을 수 없다.[29] 왜냐하면 무엇보다 숄렘 스스로가 자신을 일종의 "형이상학적 광대"로 여겼고 또 이를 순순히 인정했기 때문이다.[30]

계시와 역사 그리고 역설에 사로잡힌 숄렘이 자신의 (유대) 신학적 모순을 가장 첨예하고 아름다운 방식으로 드러낸 장소가 있다. 그 장소란 어느 기묘한 이야기Erzählung — 하시디즘적 아가다Chassidische Aggadah — 에 의해 창조된 '일상적인alltäglich' 신비의 공간이다. 이 이야기는 그가 존경하던 작가 슈무엘 요세프

---

28 Scholem, *The Messianic Idea*, p. 127 참조.

29 Moshe Idel, *Old Worlds, New Mirrors: On Jewish Mysticism and Twentieth-Century Thought*, Philadelphia: University of Pennsylvania Press, 2010, p. 89 참조.

30 Zadoff, *Gershom Scholem*, p.xv 참조.

아그논에게서 직접 들은 것이지만, 실제 아그논의 창작은 아니라고 한다. 숄렘은 그 이야기를 자신의 책에 다음과 같은 형태로 요약해서 옮겼다.

> 어려운 과제에 직면할 때면 바알 셈Baal Shem은 숲속의 정해진 한 장소로 가서 거기서 불을 피우고 명상하며 [신께] 기도를 올렸다. 그러면 그가 하고자 했던 일이 이루어졌다. 한 세대 후, 메제리츠Meseritz의 '설교자Maggid'가 동일한 과제에 직면했다. 그는 숲속의 그 장소로 가서 이렇게 말했다. "우리는 더 이상 불을 피울 수 없다. 하지만 우리는 [바알 셈이 올렸던 것과 같은] 기도를 올릴 수 있다." 그러자 그가 원했던 일이 실현되었다. 다시 한 세대가 흐르고, 사소프Sassov의 랍비 모셰 라이프Moshe Leib 역시 동일한 과제를 수행해야 했다. 그도 숲으로 가서 이렇게 말했다. "우리는 더 이상 불을 피울 수 없으며, 또한 그 비밀스러운 기도에 대해서도 알지 못한다. 하지만 우리는 숲속의 그 장소가 어딘지 안다. 그 장소에 모든 것이 들어 있다. 하므로 분명 그걸로 충분할 것이다." 정말로 그걸로 충분했다. 하지만 또 한 세대가 흐르고 리신Rishin의 랍비 이스라엘이 동일한 과제를 수행해야 했을 때, 그는 자신의 성 안에서 황금 의자에 앉은 채로 이렇게 말했다. "우리는 불을 피울 수도 없고, 그 기도를 올릴 수도 없으며, 그 장소가 어딘지도 알지 못한다. 하지만 우리는 그 역사가 어떻게 이루어졌는지 이야기할 수 있다." 그리고 이야기꾼은 이렇게 덧붙인다. "랍비 이스라엘이 한 이야기는 앞선 세 사람의 행위와 동일한 효과를 보았다."[31]

---

31 Scholem, *Major Trends in Jewish Mysticism*, New York: Schocken Books,

우리는 어쩌면 이 이야기를 숄렘이 카프카와 관련하여 제시한 수수께끼, 즉 "계시의 무"에 대한 주석으로 읽을 수 있을 것이다. 왜냐하면 이 특이한 아가다는 "의미는 지니지 않지만 효력은 발휘하는" 기도에 관한 이야기이기 때문이다.[32] 뿐만 아니라 이 이야기의 중핵은 「위반을 통해 실현되는 계명」과 은밀하게 잇닿아 있다.[33] 그리고 바로 여기가 숄렘의 '유대적인 것'이 벤야민의 유대 신념과 격렬하게 부딪히는 지점이다. 즉 숄렘의 관점에 따르면, 유대교의 계시 전통으로부터 아무리 멀어진 유대인이라 하더라도 그가 유대인의 역사를 기억하고 또 이야기할 수 있다면, 그것만으로도 그에게는 곧 '안식일의 유대인'이 될 자격이 주어지는 것이다. 바꿔 말하자면, '계시의 무'는 숄렘의 유대인에게는 일순간에 그야말로 '모든 것'으로 역전될 수 있는 개념이다. 이와 달리 벤야민의 눈에 비친 현대 유대인은 기독교인이나 무신론자와 하등 다를 바 없이 계시로부터 가없이 소외된 존재이다. 다시 말해, 근본적으로 그에게는 시나이산과 올림포스와 파트모스 모두가 베를린이나 파리 혹은 모스크바와 전혀 다를 것이 없는 장소인 것이다. 그런 이유에서 벤야민은 아가다의 자리에 모든 경계를 초월할 수 있는 동화를 등장시킨다.

최초의 진정한 이야기꾼은 현재도 그렇듯이 앞으로도 동화의 이야기

1995, pp. 349-350.

32 본서 170-171쪽 참조.

33 본서 70-71쪽 참조.

꾼일 것이다. 좋은 조언이 떠오르지 않을 때 동화는 언제나 조언을 해 줄 줄 알았다. 또한 시련이 가장 혹독했을 때 가장 가까이에서 도움을 준 것도 **동화**였다. 이때 시련은 신화Mythos가 만들어 낸 시련이다. 동화는 바보의 형상을 통해 어떻게 인류가 신화에 맞서 "바보인 척했는지"를 보여 주고, 막내 동생의 모습을 통해 인류가 신화의 원초적 시간으로부터 점점 더 멀어짐에 따라 어떻게 그의 기회가 커졌는지를 보여 주며, 두려움을 배우기 위해 떠난 사람의 모습을 통해 우리가 두려움을 갖는 사물들의 정체를 꿰뚫어 볼 수 있다는 것을 보여 주고, 영리한 사람의 모습을 통해 신화가 던지는 물음들이 마치 스핑크스의 물음처럼 간단히 풀 수 있는 것이라는 것을 보여 주며, 동화 속의 어린아이를 돕는 동물들의 모습을 통해 자연은 신화에만 복종하는 것이 아니라 오히려 인간과 어울리기를 더 좋아한다는 사실을 보여 준다. 동화가 태곳적에 인류에게 가르쳐 주었고 또 오늘날에도 아이들에게 가르쳐 주고 있는 가장 현명한 조언이 있다면 그것은 신화적 세계의 폭력에 꾀List와 무모함Übermut으로 대처하는 것이다.[34]

동화에 대한 믿음은 벤야민 역사철학의 근간을 이루는 요소Element 중 하나이다. 이 믿음에 기초해 그는 숄렘의 카발라적 해석과 대립했다. 카프카를 제대로 이해하기 위해서는 "계시의 무"보다는 오히려 "유대 신학의 희극적 측면"에 주목해야 한다고 그가 주장했던 까닭이 여기에 있다.[35] 즉 벤야민은 동화의 관

34 벤야민, 『서사·기억·비평의 자리』, 448쪽. 강조는 원저자.

35 본서 49쪽 참조.

점에서 카프카의 작품에 접근했던 것이다. 이때 벤야민에게 일종의 징검다리 역할을 해 준 작가가 있다. 그의 이름은 요한 페터 헤벨이다. 이 18세기 독일 프로테스탄트 목사가 남긴 독특한 작품들에 대해 벤야민은 아낌없는 경탄을 보냈다. 그가 보기에 헤벨은 "위대하지만 결코 충분히 평가받지 못한 거장"이었다.[36] 벤야민의 눈에 포착된 "헤벨적인 해학"은 베를린의 비평가가 동화의 세계에서 카프카의 『성*Das Schloß*』으로 비약하려 했을 때 가장 커다란 도움을 준 것으로 짐작된다. 우리는 헤벨의 작품에서 "꾀"와 "무모함"이 거의 완벽한 역설처럼 결합되는 장면을 목도할 수 있다. 예컨대 「가장 안전한 길Der sicherste Weg」이라는 제목의 단편을 보자.

> 술에 취한 사람도 때로는 깊은 생각 혹은 훌륭한 발상을 할 수 있다. 여기서 이야기하는 사람처럼 말이다. 이 사람은 시내에 나갔다가 귀가하는 중이었는데, 평소 다니던 길이 아니라 그 길을 따라 흐르는 개울물 속을 걷고 있었다. 그때, 곤경에 처한 자나 술에 취한 자를 잘 도와주는 어느 친절한 신사가 나타나 그를 구해 주려고 손을 내밀었다. "이보시오, 당신 지금 개울물 속에서 걷고 있다는 걸 모르시오? 걷는 길은 이쪽입니다." 취객은 대꾸했다. "평소라면 물론 마른 땅 위를 걷는 게 더 편할 테지요. 하지만 이번에는 좀 과하게 마셨기에……" 신사가 말했다. "그러니까 말입니다. 제가 당신을 개울에서 건져 드리리다." 취객이 대꾸했다. "그러니까 말입니다. 저를 좀 내버려 두세요.

36 벤야민, 『서사·기억·비평의 자리』, 188쪽. 원문과 대조하여 번역을 수정했다.

개울을 걷다가 넘어지면 길 위로 구르게 되지요? 하지만 만약 제가 길에서 넘어지면 개울에 빠질 거 아닙니까." 그는 그렇게 말하고는 검지로 이마를 두들겼다. 마치 제 머릿속에는 취기 말고 남들이 미처 생각하지 못하는 무언가가 더 들어 있다는 양.[37]

비록 벤야민이 이 단편을 구체적으로 언급한 적은 없지만, 우리는 동화의 특징에 대한 그의 설명을 이 이야기에도 무리 없이 적용할 수 있을 것이다. 물론 이 단편의 경우 "시련"은 '계몽의 신화Mythos der Aufklärung'가 만들어 낸 시련이라 해야 정확할 테지만 말이다. 여기서 한 걸음 더 나아가 우리는 이 이야기에 구현되어 있는 "헤벨적인 해학"이 카프카의 이야기Erzählungen에서 발견되는 "유대 신학의 희극적 측면"과 긴밀히 내통하고 있다는 가정까지 해 볼 수 있다.

"남들이 미처 생각하지 못하는 무언가"를 더 알고 있는 (척하는) 헤벨의 취객은 카프카에게로 가서는 야훼가 "부르지 않았음에도 불구하고 길을 떠난 아브라함"으로 변신한다.[38] 카프카에 따르면, 이 아브라함은 "기꺼이 전적으로 희생하려 했고 그 일에 대해 처음부터 끝까지 제대로 직감하고 있었지만 다만 자기를 부른 게 맞는지, 그러니까 추하게 늙은 노인[자기 자신]과 꾀죄죄한 아들이 [신께] 부름을 받은 것이 정말인지 다만 그것을

37 요한 페터 헤벨, 『예기치 않은 재회: 독일 가정의 벗, 이야기 보물상자』, 배중환 옮김, 부산외국어대학교출판부, 2003, 94쪽. 원문과 대조하여 번역을 수정했다.

38 본서 119-120쪽 참조.

믿지 못했던" 인물이다. 이 "다른 아브라함"에게서 우리는 말하자면 '카프카적 해학'이 유감없이 발현되는 장면을 목도한다. "믿지 못한" 아브라함의 처지에 대해 카프카는 이렇게 말한다. "이것은 마치 한 해를 마치면서 가장 우수한 학생에게 상이 수여되는 순간을 기다리며 모두가 잠자코 있는 와중에 [하필이면] 맨 뒤쪽 지저분한 의자에 앉아 있던 꼴찌가 [제 이름을] 잘못 알아듣고 벌떡 일어나 앞으로 나아가려는 꼴을 보고 순간 반 학생 전체가 웃음을 터뜨리는 상황이다." 하지만 유대인 카프카의 희극적 상상력은 여기서 그치지 않는다. '꼴찌-아브라함'에 대한 그의 마지막 말은 다음과 같다. "그런데 어쩌면 그것은 잘못 들은 것이 아니고, 그의 이름이 실제로 불렸을 수 있다. 어쩌면 가장 우수한 학생에게 상을 줌과 동시에 꼴찌에 대한 처벌도 같이 하는 것이 선생의 의도였을지도 모르기 때문이다."[39]

혹시 히브리 대학의 "형이상학적 광대"라면 심지어 카프카의 '꼴찌-아브라함'에게서마저 "계시의 무"가 작동하고 있다고 주장했을지도 모르겠다. 하지만 그와 달리 베를린의 비평가는 자신이 "도중에 돈 키호테로 변해 버릴까 두려워한" '꼴찌-아브라함'에게서 "유대 신학의 희극적" 정수를 발견했을 가능성이 크다.[40] 그런데 '꼴찌-아브라함'은 어쩌면 돈 키호테가 아니라 (그보다 먼저) 파트모스의 요한으로 변했(었)던 것인지도 모른다. 그러니까 파트모스의 요한 역시 예수가 자신을 부르지 않았는데

---

39 프란츠 카프카, 『행복한 불행한 이에게: 카프카의 편지 1900-1924』(개정판), 서용좌 옮김, 솔, 2017, 610-612쪽. 원문과 대조하여 번역을 수정했다.

40 같은 곳. 원문과 대조하여 번역을 수정했다.

도 불구하고 계시록을 썼을 수도 있다는 말이다. 아니, 실제로 기독교의 구세주는 요한을 불렀을 수 있다. 하지만 설령 그렇다 해도, 그것이 정녕 그에게 상을 주기 위한 것이었는지 아니면 벌을 내리기 위한 것이었는지 여부는 영원한 수수께끼로 남을 것이다. 만약 카프카가 마치 「창세기」를 읽듯이 요한의 계시록을 탐독했더라면, 필경 그는 이러한 가능성에 대해서도 끝없이 사변했을 것이다. 왜냐하면 그의 머릿속에는 언제나 — 시대를 불문하고 — 남들이 미처 생각하지 못하는 무언가가 더 들어 있는 듯 보이기 때문이다.

마찬가지로, 만약 벤야민이 헤벨의 「가장 안전한 길」을 읽은 다음 카프카의 아래 구절들을 펼쳐 보았다면, 아마도 그는 두 사람 사이에 어떤 초현실적인 근친성이 존재한다고 상상했을 것이다. 아닌 게 아니라, 다음 구절은 『성』의 작가가 헤벨(의 취객)을 향해 직접 건네는 말처럼 들리기도 한다.

> 당신이 어떤 상태에 있는지 당신을 처음 봤을 때부터 사실 알고 있었소. 그것은 이런 열병이 아니오, 단단한 땅 위에서 느끼는 뱃멀미 같은 열병 말입니다. 일종의 나병 아닙니까? 당신은 너무 열이 올라 사물들의 진정한 이름에 만족할 수도, 그것들에 배불러 할지도 몰라서 이제 급히 우연한 이름들을 그것들에게 마구 쏟아붓고 있는 것은 아닌지요. 오로지 빨리, 오로지 빨리! 그러나 당신이 그것들로부터 도망치자마자, 당신은 다시 그것들의 이름을 잊어버리지요. 당신이 '바벨탑'이라고 명명했던 들판의 포플러나무는 — 왜냐하면 당신은 그

것이 포플러나무라는 것을 알려고 하지 않았기 때문인데—다시 이름 없이 흔들리지요. 그리고 당신은 그것을 '술 취한 노아'라고 명명하게 될 겁니다.[41]

이렇게 해서 우리는 마침내 파트모스에서 바벨로 건너왔다. 이곳에서 우리 모두는 "단단한 땅 위에서 느끼는 뱃멀미"를 경험하게 된다. 그리고 이는 결국 우리가 카프카의 '꼴찌-아브라함'과 조금도 다를 바 없는 존재라는 것을 뜻한다. 분명 누구도 이 사실을 부정할 수 없을 것이다. 다시 말해, 우리, 모든 '일상의 유대인' 혹은 잠재적인 '꼴찌-아브라함'은 근본적으로 '행위'할 수 없는 존재들이다. 우리는 다만 존재할 수 있을 뿐이다. 혹시 이것은 '가장 안전한 길'일까 아니면 '가장 큰 재앙'일까? 아마도 우리는 끝내 답을 알 수 없을 것이다. 동시대의 어느 벤야민 주석가가 말한 것처럼 "우리는 언어의 끝없는 혼란 속에 내던져진 채, 끝내 그 사실을 망각한 채로, 바벨탑 속에" 머무르고 있는지도 모른다.[42] 그러나 언젠가 때가 되면 우리 중 누군가가 마치 바보인 척 혹은 취객인 척하며 전례 없는 엄청난 "꾀"와 "무모함"을 발휘할 수도 있을 것이다. 횔덜린이 이미 말하지 않았는가. "위험이 있는 곳에는 또한 구원자도 자라고 있다"고.

---

41 카프카, 『꿈 같은 삶의 기록: 잠언과 미완성 작품집』, 이주동 옮김, 솔, 2004, 137-138쪽.

42 대니얼 헬러-로즌, 『에코랄리아스: 언어의 망각에 대하여』, 조효원 옮김, 문학과지성사, 2015, 289쪽.

찾아보기

ㅂ

ㅅ

ㅇ

ㅈ

ㅊ

ㅋ

ㅌ

ㅍ

ㅎ

필요한 천사들:
카프카, 벤야민, 숄렘에게 전통과 모더니티는 무엇이었나

제1판 1쇄 2020년 06월 29일

지은이 로버트 올터
옮긴이 김재훈
펴낸이 연주희
펴낸곳 에디투스
등록번호 제2015-000055호 (2015.06.23)
주소 경기도 성남시 분당구 황새울로351번길 10, 401호
전화 070-8777-4065
팩스 0303-3445-4065
이메일 editus@editus.co.kr
홈페이지 www.editus.co.kr

제작처 (주)상지사피앤비

ISBN 979-11-970045-3-7 93160
이 도서의 국립중앙도서관 출판예정도서목록(CIP)는 서지정보유통지원시스템 홈페이지(seoji.go.kr)와 국가자료공동목록시스템(www.nl.go.kr/kolisnet)에서 이용하실 수 있습니다.(CIP 제어번호: CIP 2020025302)